human rights *first*

Los defensores de derechos humanos acusados sin fundamento
Presos y señalados en Colombia

Febrero 2009

Acerca De Human Rights First

Human Rights First cree que construyendo respeto por los derechos humanos y el estado de derecho ayudará a garantizar la dignidad a la cual cada individuo tiene derecho y detendrá la tiranía, el extremismo, la intolerancia, y la violencia.

Human Rights First protege a las personas en peligro: a los refugiados que huyen de la persecución, a las víctimas de crímenes contra la humanidad u otras atrocidades masivas, a las víctimas de discriminación, a aquellos cuyos derechos son vulnerados en nombre de la seguridad nacional, y a los activistas de derechos humanos que por su defensa de los derechos de otros son blancos de ataques. Estos grupos son con frecuencia las primeras víctimas de la inestabilidad y descomposición social; su trato es una muestra de represión a mayor escala. Human Rights First trabaja para prevenir violaciones contra estos grupos y buscar la justicia y responsabilidad por las violaciones contra ellos.

Human Rights First es práctico y eficaz. Abogamos por la transformación en los más altos niveles de formulación de políticas nacionales e Internacionales. Buscamos la justicia a través de los tribunales. Hacemos campañas a través de los medios, de sensibilización y comprensión. Establecemos coaliciones entre aquellos con criterios diferentes, y movilizamos a la gente a actuar.

Human Rights First es una organización internacional de derechos humanos, sin fines de lucro y sin afiliación política, basada en Nueva York y Washington D.C. Para mantener nuestra independencia, no aceptamos fondos provenientes del gobierno.

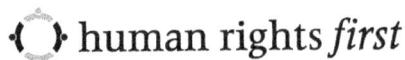

{ } human rights *first*

Sede

333 Seventh Avenue
13th Floor
New York, NY 10001-5108

Tel.: 212.845.5200
Fax: 212.845.5299

www.humanrightsfirst.org

Washington D.C.

100 Maryland Avenue, NE
Suite 500
Washington, DC 20002-5625

Tel: 202.547.5692
Fax: 202.543.5999

Reconocimientos

Escrito por Andrew Hudson, Asociado Senior, Programa de Defensores de Derechos Humanos.

Andrew Ehrinpreis, Laura Rogers, y Martha Bucaram apoyaron el trabajo investigativo de una manera incalculable. Mike McClintock, Matt Easton, y Gabor Rona aportaron comentarios de redacción y Sarah Graham contribuyó con apoyo en la producción del documento. Muchas gracias a todos los defensores de derechos humanos que dedicaron tiempo a la búsqueda de todos los documentos legales necesarios para la realización de este documento.

Traducción al español por Suzanna Collerd.

Las fotos de la portada

Los defensores de derechos humanos Colombianos [de izquierda a derecha]: Iván Cepeda, Martín Sandoval, Fanny Perdomo, Alfredo Molano, Principe Gabriel González, Fr. Javier Giraldo, Nieves Mayuza, Alfredo Correa de Andreis, Héctor Hugo Torres, Gustavo Gallon, Carmelo Agamez, Julio Avella, Carmen Mayuza, Teófilo Acuña, Andrés Gil, Francisco Ramírez, Amaury Padilla, José Humberto Torres, Berenice Celeyta, José Murillo Tobo.

Para autorización para reimprimir cualquier parte de este informe.

Por favor póngase en contacto con el Encargado de Publicaciones en el teléfono número +1 212.845.5200.

El informe esta disponible gratis a www.humanrightsfirst.org

Índice

Un listado de los acrónimos y las instituciones relevantes al informe

El Estado Colombiano

CEAT: Cuerpo Élite Antiterrorista (de la Policía Nacional).

DAS: Departamento Administrativo de Seguridad: La entidad del estado con responsabilidad para la inteligencia.

GAULA: Grupo de Acción Unificada por la Libertad Personal: Unidades de las Fuerzas Armadas a cargo de combatir el secuestro.

Procurador Judicial: Un funcionario de la Procuraduría a cargo del seguimiento de una investigación penal.

Policía Judicial: Los funcionarios de las instituciones abajo que realizan las investigaciones y las actividades de inteligencia según las ordenes de la Fiscalía.

- SIJIN: Seccional Judicial de Inteligencia: La división de inteligencia e investigación de la Policía Nacio-nal.

- DIJIN: Dirección de Investigación Criminal: La divi-sión de investigación penal de la Policía Nacional.

- CTI: Cuerpo Técnico de Investigación: La unidad a cargo de la investigación y forénsicas en los casos penales de la Fiscalía.

- DAS: Véase arriba.

Procuraduría General de la Nación: La institución del estado Colombiano que controla el accionar del estado e investiga los funcionarios públicos cuando sea necesario.

Defensoría del Pueblo Colombia: La institución del estado Colombiano a cargo de promover y defender los derechos humanos

Fiscalía General de la Nación: La institución del estado Colombiano que es responsable por la mayoría de las investigaciones y procesos penales, y es, formalmente, independiente del brazo ejecutivo.

RIME: Regional de Inteligencia Militar del Ejército: La unidad de inteligencia del Ejército Nacional.

Otros

AUC: Auto Defensas Unidas de Colombia: La coalición más grande de grupos paramilitares en Colombia.

ELN: Ejército de Liberación Nacional de Colombia: Un grupo guerrillero.

FARC: Fuerzas Armadas Revolucionarias de Colombia: El grupo guerrillero más grande en Colombia.

CIDH: La Comisión Inter-Americana de Derechos Humanos: Un órgano autónomo de la Organización de Estados Americanos (OEA) con una misión de promover y defender los derechos humanos en las Américas. Esta Comisión puede otorgar medidas cautelares que un estado debe implementar para proteger los derechos humanos de individuos o grupos.

Caribbean
Sea

PANAMA

Pacific
Ocean

Riohacha
Santa Marta
Barranquilla
ATLANTICO
Cartagena
MAGDALENA
LA GUAJIRA
Valledupar
CESAR

Sincelejo
SUCRE
Monteria
CORDOBA
BOLIVAR

VENEZUELA

NORTE
DE
SANTANDER
Cucuta

Rio Magdalena

Rio Cauca

ANTIOQUIA
SANTANDER
Bucaramanga
Arauca
ARAUCA

CHOCO
Rio Atrato

Medellin

Rio Meta
Puerto Carreno

Quibdo
CALDAS
RISARALDA Manizales
SAN ANDRES Pereira
Y PROVIDENCIA Armenia
QUINDIO Ibague
CUNDINAMARCA
BOYACA
Tunja
Yopal
CASANARE

VICHADA

Bogota
DISTRITO
CAPITAL
Villavicencio
Rio Meta

Rio Cauca

VALLE DEL CAUCA
Cali
TOLIMA
META
Puerto
Inirida

Neiva
COLOMBIA
Rio Guaviare
GUAINIA

CAUCA
HUILA
Popayan

San Jose del
Guaviare
Rio Guainia

NARINO
Florencia
GUAVIARE

Pasto
Mocoa
Rio Vaupes
Mitu

ECUADOR
VAUPES

PUTUMAYO
CAQUETA

BRAZIL

Rio Caqueta

AMAZONAS

Rio Putumayo

PERU
Rio Ica

Amazon

Leticia

Colombia

- –·–·– International Boundary
- –··–··– Parish Boundary
- ★ National Capital
- ◉ Parish Capital
- ·········· Railroad
- – – – Road

0   100   200 Kilometers
0   100   200 Miles

El resumen ejecutivo

"Cuando no te pueden asesinar, te siguen, te amenazan, y te procesan... nos procesan por cualquier cosa."

> Francisco Ramírez, abogado defensor de derechos humanos y presidente del Sindicato de Trabajadores Mineros de Colombia – SINTRAMINERCOL[1]

"El hecho mismo de pertenecer a una organización que defiende los derechos humanos... implica además de un alto riesgo, constantes señalamientos por medios de comunicación de perfil confesional, personas que ocupan cargos públicos... Y claro, nunca será descartable que se intenten montajes contra personas que se mueven en estas organizaciones, [lo cual] obliga... al operador judicial... a ser cauto en el análisis de cada elemento de prueba."

> Hernando Betancur, de la fiscalía tercera de Medellín[2]

EN UN SISTEMA DE JUSTICIA penal destacado por sus niveles de impunidad, la tenacidad de los fiscales Colombianos que persiguen casos en contra de los defensores de derechos humanos es impresionante. Si bien hay problemas sistemáticos de corrupción y acciones arbitrarias en el sistema judicial, se están abriendo casos en contra de los que defienden los

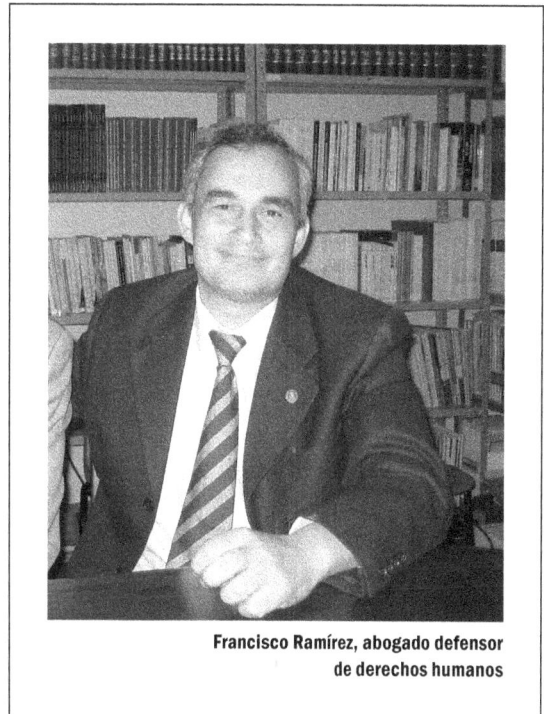

Francisco Ramírez, abogado defensor de derechos humanos

derechos humanos de una manera particular; se les intimida con investigaciones y procesos penales sin fundamento. Además, se hacen muy públicos los cargos sin fundamento, lo que mina la credibilidad de los defensores y los señala como blancos de ataques, frecuentemente por parte de grupos paramilitares.

Si bien no sólo los defensores son investigados falsamente, su persecución como grupo es distintiva por el carácter de los cargos y los métodos para recoger y falsificar la evidencia. Por lo general son acusados de rebelión y pertenencia a las organizaciones guerrilleras.

Es común que se realicen las investigaciones clandestinamente durante meses o años antes de detenerlos ilegalmente. Dos de los aspectos distintivos de los casos en contra de defensores son el uso de testimonio falso de excombatientes y el uso de archivos de inteligencia inadmisibles. Los cargos suelen basarse en alegaciones espurias de ex-guerrilleros cuyo testimonio ha sido preparado o coaccionado por los fiscales regionales. Desde luego, frecuentemente los fiscales y otros públicamente juzgan a los defensores aún sólo con ese tipo de evidencia errónea, lo que obviamente no basta para un proceso penal justo, llevando a un fuerte señalamiento de los defensores como terroristas. Dada la especificidad de la persecución de los defensores, las soluciones que responden a estas situaciones deben también enfocarse en las necesidades de los defensores.

La investigación categórica de las denuncias penales espurias en contra de los defensores contrasta marcadamente con la falta de investigaciones sobre los ataques, las amenazas y las otras formas de intimidación en contra de ellos o en contra de la población civil en general. El estado Colombiano tampoco realiza procesos penales u otros procesos judiciales en contra de los funcionarios públicos que instigan tales procesos penales especiosos.

Los defensores de derechos humanos juegan un papel legítimo y esencial en Colombia en la defensa de los derechos humanos y en la construcción de una institucionalidad democrática fuerte. Suele ser acusados de delitos por motivos políticos y con el fin de desprestigiarlos y señalarlos como individuos y como grupo. Los cargos penales sin fundamento son dañinos de muchas formas:

■ El señalamiento de los defensores como colaboradores de terroristas les pone en riesgo de amenazas y violencia por parte de los paramilitares, entre otros;

■ Los procesos penales obligan a los defensores a gastar tiempo y recursos en su propia defensa, lo que limita su capacidad de trabajar en favor de los derechos humanos;

■ Los cargos desprestigian a los defensores y deslustra sus perfiles como activistas legítimas de derechos humanos; y

■ La amenaza de un proceso penal político en su contra tiene un efecto intimidante que promueve un contexto en que los defensores se auto-censuran y limitan sus actividades. Respecto a Colombia, el Relator Especial de la ONU para los Defensores de Derechos Humanos ha declarado que "estos procesos forman parte de una estrategia para silenciar a los defensores de los derechos humanos."[3]

A pesar de un aumento de atención al tema, sin un estudio detallado de la problemática, algunos funcionarios Colombianos niegan que haya un problema amplio. Human Rights First ha dedicado más de un año a la investigación y documentación de 32 casos individuales de procesos penales sin fundamento en contra de los defensores de derechos humanos en los últimos cuatro años. El análisis de los materiales primarios de estos casos, incluyendo los alegatos de la defensa, las resoluciones de los fiscales y las sentencias, revela el carácter espurio de las investigaciones penales. Por primera vez, este informe indica que hayan habido cambios positivos: hay algunos fiscales y jueces alrededor de Colombia que reconocen la existencia de procesos penales maliciosos en contra de los defensores. Sin embargo, no basta con identificar el problema o mitigar sus efectos después de que ha habido daños. Es necesario que haya cambios fundamentales en el sistema judicial.

Como un financiador principal de las reformas judiciales en Colombia, el gobierno de los Estados Unidos puede jugar un papel constructivo en combatir los procesos penales maliciosos en contra de los defensores de derechos humanos. Claramente es del interés de los Estados Unidos que haya una sociedad civil vibrante en Colombia que exprese sus ideas con libertad y que fortalezca el respeto por el estado de derecho.

Con base en un análisis de 32 casos y entrevistas a profundidad con funcionarios públicos y defensores de derechos humanos, Human Rights First hace las siguientes recomendaciones.

Recomendaciones

Para las autoridades Colombianas:

1. El Fiscal General, o el fiscal a cargo de cada caso, debe cerrar las investigaciones penales en contra de los defensores de derechos humanos sin fundamento que son identificadas en este informe.

2. El Fiscal General debe pasar una resolución que apodere a la Unidad de Derechos Humanos en Bogotá de la coordinación de la revisión de las investigaciones penales en contra de los defensores de derechos humanos. Esta Unidad debe asumir un papel parecido con lo que realiza en las investigaciones de desaparición forzada.[4] La Unidad debe poder examinar oportunamente si el caso cumple con los estándares del debido proceso o rápidamente delegar la revisión a un fiscal regional de la Unidad de Derechos Humanos cuando sea necesario. Cuando se encuentre que los casos son especiosos, se deben cerrar inmediatamente. También, debe existir un mecanismo que permita que los defensores de derechos humanos puedan registrar sus denuncias directamente con la Unidad. Al decidir cuáles de los casos revisará, la Unidad de Derechos Humanos debe acudir a la definición amplia de defensores de derechos humanos que se utiliza en la ONU.

3. El Fiscal General debe realizar una investigación interna, particularmente de los fiscales regionales, que busque corrupción y vínculos entre funciona-

rios de la justicia y paramilitares y sus grupos sucesores. Desde luego el estado debe despedir a todo funcionario de las fiscalías y la judicatura que sea corrupto o que tenga vínculos con grupos armados ilegales.

4. El Fiscal General debe sancionar y abrir procesos penales en contra de todo fiscal que haya violado la ley con investigar falsamente a los defensores de derechos humanos.

5. Los fiscales deben rechazar completamente cualquier testimonio inverosímil, dejar de influir a los testigos en su rendición de declaraciones y evaluar el testimonio de los ex-combatientes que reciben beneficios del proceso de reintegración con cuidado. Los fiscales también deben ofrecer las pruebas que cuestionen la credibilidad de los testigos a los acusados.

6. El Fiscal General debe publicar una resolución o un directivo para todas las fiscalías e instituciones de la judicatura que resalte las normas internacionales relevantes (tales como las citadas en este informe) y las provisiones del nuevo Código de Procedimiento Penal en Colombia. La resolución debe dar énfasis en que estas normas y códigos establecen estándares para la imparcialidad de investigaciones y juicios justos, al igual que prohíben la realización de procedimientos penales por motivos políticos en contra de cualquier persona, pero particularmente los defensores de derechos humanos.

7. Todo funcionario Colombiano debe abstenerse de hacer declaraciones que desprestigien el trabajo en defensa de los derechos humanos o señalan a los que realizan tal trabajo como guerrilleros. El Presidente de la República debe emitir una nueva Directiva Presidencial a tal fin, parecida a las emitidas por administraciones anteriores.

8. La Procuraduría General debe asegurar que sus procuradores judiciales intervengan oportuna y consistentemente en los casos de procesos penales maliciosas en contra de los defensores.

9. El Congreso Colombiano debe realizar cambios al *Proyecto de Ley sobre Inteligencia y Contrainteligencia* antes de que sea aprobado para que regule mejor la colección y el uso de la información en los informes de inteligencia. Se debe apoderar al Procurador General de realizar revisiones de informes de inteligencia sin aviso a cualquier institución para excluir toda información sin fundamento que incrimine o prejuzgue a cualquier persona, en particular a los defensores de derechos humanos. La ley debe aclarar que no se puede recoger información por motivos arbitrarios, como pertenencia a organizaciones de derechos humanos, y debe prohibir la diseminación de información contenida en los informes de inteligencia.

10. El Congreso Colombiano debe enmendar el Código Penal a fin de despenalizar los crímenes de injuria y calumnia. Son delitos civiles legítimos, pero como delitos penales inhiben la defensa efectiva de los derechos humanos.

Al gobierno de los Estados Unidos:

11. Los altos funcionarios del gobierno de los Estados Unidos deben apoyar públicamente a los defensores de derechos humanos de Colombia y deben garantizar que este mensaje no sea contradicho por sus discursos posteriores.

12. El gobierno de los Estados Unidos debe apoyar y promover la implementación de las recomendaciones estructurales contenidas en este informe con fin a lograr cambios fundamentales al sistema Colombiano. Por ejemplo:

    • La Agencia de Desarrollo Internacional de los Estados Unidos (USAID), uno de los principales financiadores de las reformas judiciales en Colombia, debe trabajar de cerca con la Fiscalía Nacional y la Defensoría del Pueblo a fin de implementar un programa que capacite y sensibilice a los fiscales y jueces en el valor del trabajo al favor de derechos humanos. Tal programa debe enfatizar que el trabajo en defensa a los derechos humanos no está vinculado con terrorismo y está protegido bajo el derecho Colombiano y unas normas internacionales.

    • USAID y el Departamento de Justicia de los Estados Unidos deben apoyar al Fiscal General, particularmente el papel de la Unidad de Derechos Humanos, en su veeduría y seguimiento de todas las investigaciones en contra de los defensores de derechos humanos, como se elabora en la segunda recomendación arriba. Tal apoyo debe incluir financiación, asistencia técnica y capacitación.

13. Los funcionarios Estadounidenses deben continuar haciendo seguimiento, en conjunto con sus contrapartes Colombianas, a casos de procesos penales especiosos en contra de los defensores de derechos humanos y enfatizar que tal persecución viola los Principios Rectores Sobre ONGs del Gobierno de los Estados Unidos. Adicionalmente, al nivel político más alto, las políticas de los Estados Unidos con relación a Colombia deben enfocarse en las reformas estructurales contenidas en este informe para responder al problema de manera sistemática, específicamente:

14. El Congreso Estadounidense debe incluir en las leyes que regulan la ayuda externa la condición de pedir certificación de que las fuerzas armadas colombianas no participan en violaciones de derechos humanos en contra de los defensores de derechos humanos.

15. Al certificar la ayuda externa a Colombia bajo la ley actual que la regula, el Departamento de Estado debe considerar el papel que las fuerzas armadas juegan en los procesos penales maliciosos en contra de defensores.

16. El Departamento de Estado debe abolir la práctica de rechazar o anular visas a los defensores de derechos humanos Colombianos con base en procesos penales especiosos en su contra o señalamiento como terroristas por funcionarios públicos.

A la Comisión Interamericana de Derechos Humanos:

17. La Comisión debe acceder a una audiencia en Marzo de 2009 sobre los alegatos de procesos penales maliciosos de los defensores de derechos humanos en Colombia. También debe promover la implementación de las recomendaciones de este informe a través de su inclusión en su informe de seguimiento a la situación de los defensores de derechos humanos en la región de 2009.

Introducción

"Sabemos que montan acusaciones [contra defensores]"

Guillermo Mendoza, Vice-Fiscal General de la Nación, Colombia[5]

"Cuando las apuestas de los defensores de derechos humanos se cimientan en la posibilidades de construcción de auténticos Estados de Derecho, las judicializaciones, entre otras persecuciones, son la degeneración del derecho, la banalización de la justicia y la criminalización de esa conciencia colectiva, que define los límites del poder y que proyecta el deber ser de un Estado"

Danilo Rueda, Director de la Comisión Inter-Eclesial de Justicia y Paz[6]

DESDE LOS 1960s cuando las Fuerzas Armadas Revolucionarias de Colombia (FARC) y el Ejército de Liberación Nacional (ELN) empezaron a actuar en la insurgencia en contra del estado Colombiano, existe un conflicto armado interno en Colombia. Como repuestas, los paramilitares se formaron con el apoyo del estado en contra de grupos guerrilleros. Las décadas del conflicto han resultado en el desplazamiento de millones de civiles a la vez que los grupos guerrilleros tanto como los grupos paramilitares han aumentado su participación en el narcotráfico y el crimen organizado. Los grupos paramilitares, que originalmente combatían bajo el control de las fuerzas armadas legales,

supuestamente se han desmovilizado. Varias leyes han otorgado beneficios legales, económicos, de protección, de salud y de educación a los miembros de estos grupos que se desmovilizan y cooperan con funcionarios (véase la sección II. A.). Sin embargo, las estructuras de los grupos paramilitares siguen funcionando como se evidencia con sus amenazas y ataques continuos en contra de civiles y de defensores de derechos humanos.[7]

Como resultado del conflicto armado y la polarización política, Colombia es una de las naciones más peligrosas en el mundo para los defensores de derechos humanos. Un defensor de derechos humanos es cualquier persona que trabaja para promover o proteger los derechos humanos con métodos no violentos.[8] Tradicionalmente en Colombia los funcionarios del estado y los paramilitares han presumido que los defensores son de la izquierda, y, por lo tanto, simpatizan con el movimiento guerrillero. Esta presunción ha producido una intensa persecución. Cada año se asesina a docenas de defensores de derechos humanos incluyendo a activistas, sindicalistas, abogados, líderes indígenas, miembros de organizaciones no gubernamentales (ONGs) y líderes comunitarios y religiosos. La estimación hecha por informes de 2002-2006 es que 138 defensores de derechos humanos fueron asesinados o desaparecidos en ese periodo.[9] Además, los defensores sufren ataques u otras formas de intimidación incluyendo campañas de difamación, robos, vigilancia amenazante y constante, amenazas de muerte, agresión física, secuestro, violencia en contra de familiares e intentos de

La visión general de los patrones en una investigación especiosa de un defensor

Existe un patrón claro de investigaciones penales falsas en contra de los defensores de derechos humanos. Generalmente, un fiscal regional inicia una investigación previa en secreto de un defensor que puede incluir la recolección de informes de inteligencia por parte el ejército, la policía judicial u otras entidades estatales de seguridad, que suelen contener información irrelevante e inflamatoria. Después el fiscal obtiene declaraciones falsas, incoherentes o contradictorias de testigos que reciben beneficios de reintegración del estado por ser ex-combatientes. En esta etapa, es común que un defensor sea capturado y detenido, y a veces significativamente después, se le acusa de rebelión por presuntamente ser un terrorista o un guerrillero. Bajo la sección 467 del Código Penal, una persona comete rebelión cuando, "mediante el empleo de las armas pretendan derrocar al Gobierno Nacional, o suprimir o modificar el régimen constitucional o legal vigente... ..."[10] No hubo evidencia en ninguno de los casos revisados para producir este informe de que un defensor hubiera usado la violencia o las armas. Al contrario, el proceso penal suele basarse en la presunta pertenencia clandestina del defensor a las FARC.

Es frecuente que un fiscal superior archive o deseche la investigación después de que la defensa solicite una revisión del caso. Sin embargo, no hay un proceso automático de revisión y la defensa tiene que acudir a una variedad de herramientas legales para poder apelar la decisión del fiscal inicial y solicitar la revisión por otro fiscal o juez. Se puede cerrar una investigación después de solo unos días, pero en algunos casos la investigación y la detención relacionada se extienden por años. A veces, el fiscal lleva el proceso penal a juicio en que es común que un juez declare al defensor inocente. Sin embargo, en unos pocos casos, se han declarado a los defensores culpables de rebelión, aún cuando las pruebas no indican objetivamente ese resultado. Aún cuando se archiva la investigación oportunamente, como en el caso de Alfredo Andrés de Correa (véase el Caso 12, en el Anexo) los defensores ya han sido señalados como terroristas y su riesgo a ser atacados ya ha aumentado. Muchos defensores son acosados sistemáticamente por paramilitares después del desecho de una investigación, a veces hasta que tienen que buscar asilo en otro país.

atentados en contra de sus vidas. En la mayor parte de los casos estas violencias quedan en la impunidad.

Detrás de los altos niveles de violencia e intimidación hay dos tipos de ataques perniciosos relacionados: el señalamiento como colaboradores de terroristas y los procesos penales en contra de los defensores Colombianos.[11] Este informe se centra en el segundo problema – el uso de cargos penales políticamente motivados para acosar, señalar, detener y poner en peligro las vidas de los defensores de derechos humanos. Por lo general, las investigaciones:

■ se basan en dos fuentes poco confiables: las declaraciones falsas de ex-combatientes que reciben beneficios del estado y los informes de inteligencia que contienen falsa información;

■ implican detenciones arbitrarias que se extienden, a veces hasta por años, mientras que las investigaciones penales sigan abiertas; e

■ incluyen delitos que son particularmente vulnerables al abuso por motivos políticos como rebelión, injuria y calumnia.

Las investigaciones penales de los defensores de derechos humanos suceden en la coyuntura de la política de "seguridad democrática" que prioritiza acciones militares en contra del terrorismo que frecuentemente conllevan violaciones de los derechos humanos. Colombia es una de las naciones que han

El asesinato de Alfredo Correa de Andreis después del señalamiento por un proceso penal malicioso

Alfredo Correa de Andreis fue un sociólogo, activista de derechos humanos y profesor de la Universidad de Magdalena. El 17 de junio del 2004, el Departamento Administrativo de Seguridad (DAS) lo arrestó en Barranquilla y poco después el Fiscal 33 de Cartagena le acusó de rebelión y pertenencia a las FARC. Posteriormente, un juez lo liberó después de declarar el caso sin fundamento. Sin embargo, el 17 de septiembre, poco después de que Correa fue puesto en libertad, presuntos paramilitares, quienes al aparecer creyeron las declaraciones del fiscal, lo asesinaron. En abril, 2006, un antiguo alto funcionario del DAS reportó que la agencia había dado a los paramilitares una "lista de muerte" que incluía a Correa.[12]

desproporcional de todas las bases de datos y libros de cinco universidades para encontrar pruebas de conexiones entre estudiantes, profesores y grupos subversivos.[14] Esta inspección produjo varias capturas.[15] El mismo fiscal también ordenó la intercepción de correos electrónicos y conversaciones telefónicas de más de 150 personas, incluyendo muchos defensores de derechos humanos.[16] La corrupción y los errores en el cumplimiento de los estándares nacionales e internacionales del debido proceso también son endémicos en el sistema de justicia penal en Colombia.

Sin embargo, este informe muestra con claridad que los patrones y prácticas de la judicatura maltratan a los defensores en una forma diferente y desproporcional comparados con la población general; los fiscales formulan procesos penales maliciosos en contra de los defensores en particular. Además, las investigaciones espurias pueden conllevar consecuencias severas para los defensores, como, por ejemplo, el acompañamiento de amenazas de paramilitares o el acoso de las fuerzas armadas a los procesos penales. También es común que los defensores que aparecen en las "listas de muerte" son los mismos que tienen procesos penales en su contra. La adición de intimidación de este tipo en contra de los defensores hace más intenso los impactos legales, económicos y psicológicos del proceso penal.

Una tendencia positiva es que algunos fiscales y jueces Colombianos están revisando los casos de manera efectiva, archivando los procesos penales especiosos cuando es necesario. Con frecuencia estos fiscales forman parte de las Unidades de Derechos Humanos de la Fiscalía y, por lo tanto, conocen profundamente las normas del debido proceso. Las revisiones resultan de la apelación de una decisión del fiscal inicial, como la imposición de una detención preventiva. Sin embargo, aún en los casos que son revisados y cerrados por otro fiscal, los daños ya han sido realizados. Cuando se publican ampliamente las acusaciones, la credibilidad

promovido políticas y prácticas en contra del terrorismo desde 2001, y desde entonces han usado estas mismas para limitar el trabajo legítimo de los defensores de derechos humanos y grupos marginalizados.[13] En este marco, también se ve el uso común de la detención de miembros de otros grupos. Por ejemplo, en noviembre, 2008, un fiscal ordenó la inspección

Las grabaciones de conversaciones telefónicas revelen la práctica de fabricar cargos

El 7 de octubre del 2008 los medios de comunicación colombianos reportaron una conversación telefónica entre el jubilado General Rito Alejo Del Río y el antiguo Ministro del Interior y Justicia, Fernando Londoño Hoyos. Se escucha a los dos hombres haciendo planes de denunciar falsamente a la Comisión Intereclesial de Justicia y Paz (CIJP) y a uno de sus fundadores, el Padre Javier Giraldo.[17] La CIJP es una organización de derechos humanos reconocida a nivel internacional que trabaja pacíficamente a favor de la protección de los derechos de comunidades marginalizadas como los pueblos Afro-colombianos e indígenas.[18] Por muchos años el Padre Giraldo y la CIJP han denunciado las violaciones de derechos humanos presuntamente cometidos por el General Del Río cuando estuvo a cargo de la Brigada 17 del Ejército en Urabá del 1995 al 1997. Actualmente, Del Río está preso bajo cargos de complicidad con los paramilitares en el asesinato del líder campesino Marino López en 1997. La CIJP representa a López en ese juicio.

Padre Javier Giraldo

En la grabación, Del Río y Hoyos hablan de como desprestigiar a CIJP. Hoyos propone que lo podrían hacer con mandar a otros a que denuncien a la CIJP, "¿y eso no dará pie para denunciar penalmente al cura?" Del Río responde, "Si, claro, claro." Del Río también indica que anteriormente había intentado de promover otras investigaciones penales falsas en contra de defensores. La conversación telefónica revela que un antiguo general del ejército y un alto funcionario del Ministerio del Interior y Justicia creen que es aceptable intimidar y desprestigiar a los activistas que denuncian las violaciones de derechos humanos. La conversación también muestra la conexión entre el señalamiento público y los procesos penales, en este caso demostrando que las acusaciones públicas crean un contexto en el que es más fácil acusar a los defensores.

de los defensores se mina y ellos quedan marcados como objetivos de ataques físicos. Aún mucho tiempo después del cierre de las investigaciones, los defensores siguen recibiendo amenazas de muerte. El caso de Correo, mencionado más abajo, muestra que aún si el sistema de justicia elimina los procesos penales sin fundamento, los defensores siguen en riesgo. Por lo tanto, el gobierno Colombiano debe asegurarse de que no solo se cierren los procesos penales maliciosos, sino que tampoco se abran. Algunos elementos del estado Colombiano ofrecen apoyo importante a los defensores de derechos humanos. Frecuentemente, al reconocer los peligros de su trabajo, los defensores reciben medidas oficiales de protección del Ministerio del Interior y Justicia. El programa del Ministerio ofrece medidas de protección blandas y duras, incluyendo teléfonos, escoltas, y hasta carros blindados a una

variedad de defensores de derechos humanos y otros grupos vulnerables, como, por ejemplo, los Afro-colombianos.[19] Varias agencias colaboran en este programa para evaluar el riesgo de cada persona y determinar las medidas de protección necesarias.

El hecho de que este programa exista levanta la cuestión de por qué otras instituciones, particularmente fiscalías regionales, abren procesos penales maliciosos en contra de los defensores acusándoles de ser terroristas. Una explicación para esta inconsistencia es que el estado Colombiano no es un actor unificado y, a pesar de la existencia de instituciones que protegen a los defensores de derechos humanos, muchos funcionarios no les muestran el mismo respeto. Particularmente en zonas aisladas donde hay conflicto territorial, hay funcionarios corruptos y grupos armados que ejercen presión sobre los fiscales. Un proceso penal falso es una manera de disuadir a los defensores de seguir trabajando en defensa de los derechos humanos.

Sin embargo, el problema no sólo prevalece a nivel local. Si bien no hay evidencia de que exista una política del Presidente o del Fiscal General de formular procesos penales maliciosos, altos funcionarios del servicio de inteligencia nacional, del ejército y del Ministerio de Interior y Justicia directamente han realizado investigaciones penales especiosas. También es rutinario que altos funcionarios promuevan la percepción de que los defensores sean terroristas. Funcionarios de todos los niveles, y hasta el Presidente de la República, han negado la legitimidad del trabajo en defensa de los derechos humanos, a la vez que fomentan la creencia equivocada de que el trabajo a favor de los derechos humanos está íntimamente vinculado con actividades subversivas.

El gobierno central también es responsable por no haber tomado acciones para corregir un problema sistémico. Los fiscales y otros que participan en los procesos penales falsos en contra de los defensores de derechos humanos usualmente no reciben sanciones ni son investigados, lo que implica que el estado aprueba tales acciones.

Un problema tan amplio y profundo requiere una fuerte respuesta integral de toda la institucionalidad Colombiana. El nuevo Código de Procedimiento Penal, que recién se estableció, es un buen paso para promover imparcialidad en los procesos penales (véase la sección II para más información). Sin embargo, todavía falta una mejor implementación, dado que los procesos penales maliciosos continúan en contra de los defensores.

El uso de cargos sin fundamentos en contra de los defensores de derechos humanos Colombianos ha sido reconocido por las Naciones Unidas, el sistema interamericano de derechos humanos, el gobierno de los Estados Unidos y hasta por funcionarios del gobierno Colombiano.[20] Después de haber publicado un informe en el 2007 sobre los procesos penales maliciosos, [21] Human Rights First siguió indagando en el tema y trabajó a favor de los defensores de derechos humanos Colombianos que habían sido sujetos de cargos penales espurios.[22] En una visita a Colombia al fin del 2007, Human Rights First se reunió con altos funcionarios del gobierno Colombiano y varias instituciones que establecen políticas para discutir el problema.[23] A pesar de esta atención, sin una investigación para indagar exclusivamente más sobre este fenómeno, algunos funcionarios Colombianos siguen dudando que el problema sea extensivo.[24]

Human Rights First ha dedicado más de un año a la investigación y documentación de 32 casos individuales de procesos penales sin fundamento en contra de los defensores de derechos humanos en los últimos cuatro años (véase el Anexo). El análisis de los materiales primarios de estos casos incluyendo los archivos de la defensa, las resoluciones de los fiscales y las sentencias revela el carácter espurio de las investigaciones penales. La lista de casos en este informe no es exhaustiva dado que en algunos casos fue imposible verificar y obtener todos los documentos necesarios, y es posible que Human Rights First no sea conociente de todos los casos. Sin embargo, los casos presentes en este informe permiten la identificación de los temas comunes y un análisis de ellos para revelar las raíces del problema y posibles políticas para resolverlo.

I. El debido proceso: Los estándares legales Colombianos y las normas internacionales

SEGÚN EL DERECHO INTERNACIONAL, Colombia tiene la responsabilidad de seguir el debido proceso en las investigaciones y los juicios de todos los acusados, incluyendo el derecho de la defensa de interrogar a los testigos, el derecho a ser informado oportunamente de todos los cargos, y la presunción de inocencia.[25] Colombia ha ratificado tanto el Pacto Internacional sobre Derechos Políticos y Civiles (PIDCP) como la Convención Americana de Derechos Humanos (Convención), que protegen los múltiples derechos violados en los casos de espurias investigaciones criminales de los defensores de derechos humanos.[26] El derecho a un juicio justo es protegido por el artículo 14 del PIDCP, el artículo 8 de la Convención, los Principios Básicos sobre la Función de los Abogados,[27] y los Principios Básicos para el Tratamiento de los Reclusos.[28] Bajo el viejo código que regulaba el proceso, era común que los testigos no tuvieran que asistir a los juicios, haciendo imposible que la defensa los interrogara. Claramente esta práctica viola el artículo 14(3)(2) del PIDCP y el artículo 8(2)(f) de la Convención. El artículo 14(3) del PIDCP consagra el derecho de un acusado de ser oportunamente informado del tipo y origen de los cargos en su contra, un derecho frecuentemente violado cuando se detiene a los defensores de derechos humanos por largos periodos sin cargos. Los fiscales minan la presunción de inocencia reconocida en el artículo 14(2) de la PIDCP y el artículo 8(2) de la Convención cuando publican fotos y públicamente identifican a los defensores como guerrilleros antes del juicio. El derecho a la libertad,

protegido en el artículo 9 del PIDCP y el artículo 7 de la Convención, se viola cuando no se informa a los acusados de los motivos de su detención o no se les presenta inmediatamente ante un juez, o cuando una corte no determine la legalidad de tal detención. Las normas internacionales también prescriben estándares para los fiscales en la realización del debido proceso. El artículo 14 de las Directrices sobre la Función de los Fiscales realizado por las Naciones Unidas, las cuales proporcionan orientaciones autorizadas sobre los estándares internacionales, consagra que "los fiscales no iniciarán ni continuarán un procedimiento, o bien, harán todo lo posible por interrumpirlo, cuando una investigación imparcial demuestre que la acusación es infundada."[29]

La libertad de expresión es un derecho fundamental acordado en el PIDCP y la Convención y varios otros documentos internacionales.[30] La Declaración de los Defensores de Derechos Humanos de las Naciones Unidas, que celebró 10 años de ratificación en 2008, reconoce expresamente el derecho que todos tienen de "estudiar y debatir si [los] derechos y libertades fundamentales se observan,... y a formarse y mantener una opinión al respecto, así como a señalar a la atención del público esas cuestiones..."[31]

El sistema de procedimiento penal en Colombia

Hasta hace poco, Colombia tenía un sistema de justicia penal del tipo inquisitorio o del derecho civil que es diferente, en una manera significativa, a los sistemas de ley común como el de los Estados Unidos.[32] Bajo el sistema penal inquisitorio, un fiscal realiza la indagación, jugando el papel de investigador con el objetivo de acertar la verdad. El fiscal tiene poderes amplios de suscitar testimonio y recoger evidencia. El fiscal tiene la responsabilidad de encontrar pruebas que muestren inocencia tanto como pruebas que incriminen, con el fin de evaluar si hay suficiente evidencia para llevar a cabo un juicio. Los jueces encargados del caso reciben un archivo en que se junta toda la evidencia que se recoge y todos los testimonios que se reciben. En la etapa de investigación, el acusado tiene el derecho de estar presente mientras que el fiscal recoge pruebas.

Hace poco, Colombia cambió de un sistema inquisitorio a un sistema acusatorio en procesos penales. La ley 906 del 2005 estableció un nuevo Código de Procedimiento Penal, que empezó a tomar efecto de forma progresiva en diversas regiones de Colombia entre los años 2005 a 2008.[33] El nuevo Código incluye mayores protecciones y garantías del debido proceso que el antiguo Código de Procedimiento;[34] por ejemplo, el nuevo código requiere que los testigos estén presentes en el juicio para que la defensa pueda interrogarlos. Dado que muchos de los casos en este informe fueron realizados bajo el antiguo Código, se cita esos reglamentos en este informe. Mientras que los casos más recientes serán realizados en los parámetros del nuevo Código, estos cambios no resolverán en sí el problema de cargos malintencionados de los defensores de derechos humanos. Muchos de los casos de investigaciones penales de los defensores de derechos humanos se empezaron bajo el antiguo Código, y seguirán según esa reglamentación. Sin embargo, las detenciones ilegales en los casos Sandoval y Agamez muestran que el nuevo Código no se está implementando en la práctica (véase los Casos 29 y 2, en el Anexo).

En Colombia, la jurisprudencia del derecho penal también detalla el tipo y la cantidad de evidencia que un fiscal requiere para iniciar una investigación. El artículo 397 del Código de Procedimiento Penal consagra que, "el Fiscal General de la Nación... dictarán resolución de acusación cuando esté demostrada la ocurrencia del hecho y exista confesión, testimonio que ofrezca serios motivos de credibilidad, indicios graves, documento, peritación o cualquier otro medio probatorio que señale la responsabilidad del sindicado."[35] Finalmente el artículo 234 ordena que un funcionario judicial, como un fiscal, "buscará la determinación de la verdad real. Para ello debe averiguar, con igual celo, las circunstancias que demuestren la existencia de la conducta punible, las que agraven, atenúen o exoneren de responsabilidad al procesado y las que tiendan a demostrar su inocencia."[36]

El presidente de Colombia, Álvaro Uribe, también ha comprometido a su gobierno al estándar del debido proceso en los Principios Rectores sobre Organizaciones No Gubernamentales del departamento de Estado de los Estados Unidos ("Principios Rectores"). El 30 de abril de 2007, el Presidente Uribe dijo que el Gobierno Colombiano estaba "predicando y practicando" los Principios Rectores.[37] Principio 5 consagra que, "fundar las acciones judiciales penales y civiles que entablen los gobiernos contra las ONG, al igual que contra cualquier persona física o moral, en los principios del respeto por las garantías legales y la igualdad ante la ley."[38] Una serie de Directivas del Ejecutivo promulgadas antes de la administración del Presidente Uribe consagran protecciones similares para los defensores de derechos humanos y ordenan a los funcionarios públicos de Colombia abstenerse de formular falsos cargos contra los defensores.[39]

Otros tipos de protección consagrados en el derecho penal de Colombia se mencionan en los siguientes capítulos de este informe.

II. Los problemas con el testimonio de testigos

LAS INVESTIGACIONES PENALES contra defensores suelen ser basadas en el testimonio de ex-combatientes o informantes de las guerrillas con relaciones cercanas a funcionarios del gobierno. Estos testigos, sean desertores de las FARC o de otros grupos, están en búsqueda de beneficios brindados a los miembros de grupos armados que se desmovilicen y reintegren a la sociedad civil.[40] De los 28 casos relevantes a este informe que aparecen en el Anexo, al menos 17 dependen de testigos quienes son ex-combatientes reintegrados o desmovilizados. Mientras que los testimonios de tales testigos son, por su carácter, poco confiable, también hay indicios de que algunos funcionarios han influenciado la producción de estos testimonios. Muchos de estos testimonios, entonces, son vagos, faltos de coherencia y contradictorios.

A. La falta de confiabilidad en el testimonio de testigos

Las declaraciones de los testigos que estén en un proceso de reintegración con beneficios deben ser tratadas con mucho cuidado. Si bien este testimonio puede ofrecer información valiosa con respecto a las actividades de las guerrillas, también puede incriminar a individuos inocentes.[41] El marco legal en Colombia que rige el proceso de reintegración incluye acceso a beneficios legales, económicos, educacionales y servicios de protección y salud para reinsertados siempre y cuando se desmovilicen y cooperen con las autoridades; además, en el caso de ciertos crímenes pueden recibir amnistías.[42] La jurisprudencia en Colombia, tanto de la Corte Suprema como de la Corte Constitucional, articula que se debe manejar el testimonio de tales testigos con precaución porque viene de personas que no son imparciales y quienes benefician de su colaboración con las autoridades.[43] Un juez concluyó, "tales testimonios, para efectos de otorgarles credibilidad, deben analizarse y valorarse con mucho rigor y cuidado, pues la ligereza y la superficialidad del examen puede dar lugar a que se cometan graves injusticias."[44] Sin embargo, en los casos de defensores, frecuentemente ni se evalúa ni se corrobora con bastante rigor el testimonio de tales testigos, y muchos fiscales regionales presumen que es creíble y confiable.

B. La manipulación de testimonios

"Cuando las fuerzas armadas sospechan que alguien tenga vínculos con la guerrilla buscan lo que sea para poder inculparlo, y de pronto aparece un delator, y recibe compensa."

Vice-Fiscal General, Guillermo Mendoza[45]

Más que sólo usar testigos que son inherentemente poco confiables, con frecuencia los fiscales, las fuerzas armadas o el DAS interfieren con su testimonio. Aparentemente, algunos fiscales han preparado a testigos dirigiéndolos directamente sobre lo que debe aparecer en sus declaraciones. Por ejemplo:

Testigos sesgados y poco confiables: Alejandro Quiceno y Elkin de Jesús Ramirez

Alejandro Quiceno, un joven defensor de derechos humanos, trabaja con varias organizaciones de derechos humanos en Medellín (véase el Caso 28, en el Anexo). El 30 de marzo del 2005, en Medellín, la fiscalía quinta especializada lo detuvo bajo cargos de rebelión. En septiembre del 2005, un fiscal de la unidad seccional de delitos contra el régimen constitucional, legal y otros de Medellín, estableció que la detención fue sin fundamento y ordenó que se lo liberara. Éste declaró que los testimonios de los testigos reintegrados fueron poco confiables porque solo buscaban beneficios del gobierno: "Ellos buscan un beneficio por parte del estado y la sociedad y para conseguirlo muchas veces no se fijan en las reales consecuencias de sus manifestaciones, lesionando a inocentes que no tienen muchas veces velas en el asunto."[46]

Elkin de Jesús Ramírez es abogado defensor de derechos humanos con la Corporación Jurídica Libertad de Medellín. En noviembre, 2006, la fiscalía 74 seccional de Antioquia le acusó de rebelión y de adoctrinar militar, política y ideológicamente a grupos sediciosos. Después de casi un año, en enero de 2008, un fiscal en Antioquia que estudió el caso lo desechó al encontrar que el testimonio de un testigo reintegrado fue incoherente, ilógico, irracional y contradictorio.[47] Específicamente, el fiscal citó que era posible que los testigos reintegrados pueden haber dado testimonios sesgados para obtener beneficios económicos en programas de reintegración del gobierno: "Es lo que sucede con las declaraciones de quienes tras varios años después de haber dejado las armas rebeldes, en forma súbita comparecen ante la autoridad investigadora...a relatar hechos que bien pudieron denunciarse en forma oportuna pero que ahora se hace, sin duda, para la obtención de los beneficios establecidos por el artículo 9 del decreto 128 del 2003[el programa de reintegración del gobierno]."[48]

- En el caso de la ACVC (véase el Caso 2, en el Anexo), el fiscal de la Unidad de Derechos Humanos que analizó el caso dijo, "los testimonios recaudados en principio y desprevenidamente reflejan verosimilitud, pero holísticamente no resisten crédito, pues no se desligan del viso de aleccionamiento tendiente a desprestigiar a la ACVC."[49]

- Una abogada defensora de derechos humanos de la Red Juvenil de Medellín, Claudia Montoya, representa jóvenes quienes han sido detenidos y abusados físicamente por autoridades estatales. El 18 de octubre, 2006, miembros de la Unidad de Investigación Técnica de la Fiscalía General de la Nación (CTI) y la policía arrestaron a Montoya. La Fiscalía 57 de Medellín le acusó de rebelión. Después de meses en la cárcel y de detención domiciliaria, un fiscal que revisó el caso cerró la investigación en febrero, 2007, encontrando que las declaraciones de los testigos tenían casi el mismo orden de palabras, lo que sugiere que hubo preparación e interferencia del fiscal inicial.[50] Otro fiscal que examinó el caso encontró que el fiscal inicial instruyó a los testigos que identificaran a Montoya antes de que ninguno de ellos la nombrara (véase el Caso 23, en el Anexo).[51]

Algunos fiscales también han mostrado fotos de defensores de derechos humanos a testigos y hasta se les han ofrecido el nombre del defensor en cuestión (véase, por ejemplo, los Casos 11, 23, y 24, en el Anexo). El debido proceso se debilita con prácticas como ésta, y crean duda alrededor de cualquier identificación de tal defensor como el victimario. En

El uso del sistema judicial para señalar a los defensores de derechos humanos: Príncipe Gabriel González

Príncipe Gabriel González Arango es un reconocido líder estudiantil en el departamento de Santander.[52] El 4 de enero del 2006, fue detenido en Bucaramanga bajo cargos falsificados de rebelión y del liderazgo de una milicia urbana. En ese entonces, González fue Coordinador Regional de la Comité de Solidaridad con los Presos Políticos (CSPP). Después de quince meses, se lo liberaron de la cárcel y un juez lo encontró inocente de todos los cargos. El juez reconoció que el sistema judicial había sido manipulado y desechó las pruebas de testigos, al menos parcialmente "por la preocupación por su utilización para direccionar la acción de la justicia en contra de aquellos que reivindican las luchas sociales por los cauces democráticos."[53] El otro testigo en el caso le dijo al CSPP que había dado sus declaraciones bajo presión de miembros de la policía y el CTI en Bucaramanga.[54] A pesar de ser liberado, González sigue recibiendo amenazas de muerte y aparece en las "listas de muerte" públicas enviadas por los paramilitares.

muchas de las resoluciones y sentencias analizadas por Human Rights First, fiscales y jueces que revisaron los casos, citaron secciones de declaraciones de diversos testigos que tienen frases completas idénticas entre sí, lo que muestra que fueron instruidos por el fiscal inicial en el caso. Por ejemplo, al desestimar los cargos de rebelión en el caso de Amaury Padilla (véase el Caso 24, en el Anexo), el Fiscal General encontró que los testimonios de dos testigos no fueron creíbles porque fueron esencialmente idénticos y parecían que uno fue copiado del otro.[55] También declaró que un testigo tuvo acceso a las declaraciones de otros testigos y que el DAS había indicado a los testigos que Padilla era el autor del crimen, llegando a la conclusión que hubo "manipulación en ciertas facetas" de la investigación en el caso de Padilla.[56] El Fiscal General también concluyó que "realmente sobre testimonios con tantas falencias no se puede edificar racionalmente un juicio de responsabilidad penal, pues el grado de conocimiento y demostración exigidos por la ley para tal efecto no se estructuran."[57] Padilla, a pesar de trabajar con la Asociación de Promoción Social Alternativa (MINGA) en Bogotá, una de las organizaciones más reconocidas por su trabajo de derechos humanos, pasó cinco meses en

la cárcel antes de que se cerraran la investigación en su contra.

Algunos jueces han reconocido que unos fiscales usan "testigos profesionales" para hacer declaraciones falsas en contra de defensores. Por ejemplo, en diciembre del 2007, Héctor Hugo Torres fue detenido por el SIJIN en Bosa, Bogotá y acusado de rebelión (véase el Caso 32, en el Anexo).[58] Torres es el Presidente de la Comisión de Derechos Humanos y el Derecho Internacional Humanitario en el Bajo Ariari. Dos días después de su detención, un juez ordenó que lo liberara inmediatamente al encontrar que los derechos a la defensa y el debido proceso habían sido violados y que la fiscalía no hubiera observado las normas básicas del procedimiento. La juez declaró que "la Fiscalía General de la Nación se ha valido de 'testigos profesionales' a quienes viene utilizando en diferentes procesos judiciales para acusar a campesinos, dirigentes comunales y posiblemente a otros líderes sociales, estos testigos que viven en instalaciones militares y reciben beneficios económicos y jurídicos para declarar falsamente contra personas inocentes.- Estos testigos son las pruebas presentadas contra Héctor Torres."[59]

La preparación de testigos por parte de la fiscalía y las fuerzas armadas: José Murillo Tobo

El 21 de agosto del 2003, José Vicente Murillo Tobo (el presidente del Comité de Derechos Humanos, Joel Sierra) y Alonso Campiño Bedoya (el director del Central Unitaria de Trabajadores (CUT) en Arauca) fueron detenidos junto con 18 líderes civiles. Anteriormente, la Comisión Interamericana de Derechos Humanos (CIDH) había otorgado medidas cautelares tanto para Murillo como Campiño. Después de casi seis meses detenidos, ambos fueron acusados de rebelión.[60] Tres años después, una Jueza Penal del Circuito de Saravena en Bogotá los encontró culpables de rebelión con 16 personas más. Ahora la apelación del caso está frente al Tribunal Superior de Arauca. Murillo y los demás fueron liberados dado que su encarcelamiento de 27 meses antes del juicio sobrepasó a la sentencia.

El fiscal que inició la investigación tenía su sede en el batallón de la Brigada 18 del Ejército Nacional. Dos testigos claves fueron guerrilleros reintegrados quienes negociaron garantías de la inmunidad de cargos en enero del 2003. Según la defensa, pasaron siete meses en la sede del batallón de la Brigada 18 antes de que se emitiera una resolución de indagación en contra de los acusados. La defensa argumenta que en ese tiempo el fiscal y el ejército los prepararon para denunciar a Murillo, posiblemente como retaliación por su trabajo exponiendo supuestas violaciones de derechos humanos realizados por la Brigada 18.[61] Otros testigos en el caso admitieron que sus testimonios habían sido preparados por el fiscal y el ejército.[62]

C. Testimonios inconsistentes, contradictorios y vagos

Testimonios inconsistentes, contradictorios y vagos aparecen sistemáticamente en las investigaciones penales en contra de los defensores de derechos humanos. Entre los 28 casos relevantes al informe que aparecen en el Anexo, al menos 16 incluyen testimonios incoherentes o inverosímiles que no cumplen con los estándares básicos de pruebas. Frecuentemente, testigos no pueden describir, identificar ni nombrar al defensor de derechos humanos con claridad como el líder guerrillero al cual acusan. Los fiscales o jueces que examinan los casos suelen descartar las investigaciones en contra de defensores después de encontrar o inconsistencias en los testimonios o que los testimonios se contradicen entre sí. Con comentarios que pueden aplicarse en muchos casos, un juez caracterizó las declaraciones de testigos como "meras especulaciones, que logran desvirtuar el procesado"[63] y luego concluyó

que "a la luz de las reglas que gobiernan la valoración de la prueba, por sus contradicciones internas y su... inverosimilitud."[64] En otros casos en contra de los defensores, algunos fiscales capacitados en derechos humanos han encontrado que las declaraciones de testigos son vagas, dependen de pruebas indirectas, o están construidas sobre cábala y suspicacias (por ejemplo, véase el caso de la ACVC abajo).

Sin embargo, a pesar de contradicciones notables entre testigos, los fiscales que inician procesos raramente se preocupaban por corroborar la veracidad de las declaraciones. Al cerrar la investigación de Elkin Ramírez (véase el Caso 27, en el Anexo), un fiscal que examinó el caso encontró incoherencia, contradicciones y aspectos irracionales en los testimonios. Por ejemplo, un testigo escribió que Ramírez frecuentemente visitaba el campamento de las FARC solo, mientras que otro testigo dijo que Ramírez casi nunca lo visitaba y cuando lo hacía, iba acompañado.[65] Otro testigo acertó que no había visto a Ramírez después del año 2002, y después

Declaraciones vagas e increíbles: La Asociación Campesina de la Valle del Río Cimitarra

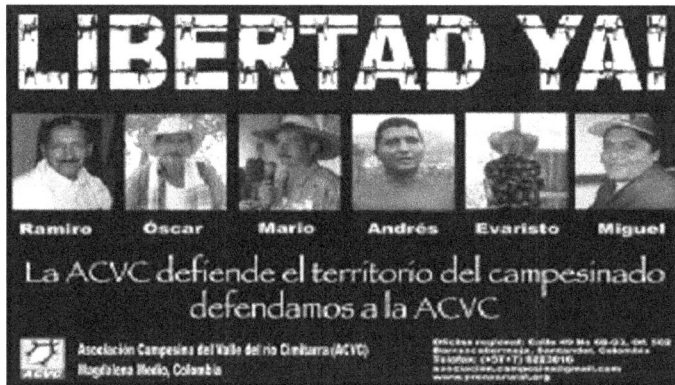

La Asociación Campesina del Valle del Río Cimitarra (ACVC) trabaja en temas de derechos humanos y moviliza comunidades en temas de los derechos sociales y económicos de los campesinos, como derechos a la tierra y al desarrollo integral. La CIDH reconoció el trabajo de ACVC y sus miembros como legítimos, tanto como los riesgos que encuentran al realizar su trabajo, con otorgarles medidas cautelares en 1999 y 2000.[66] El 29 de septiembre del 2007, la mayoría de la junta directiva de la ACVC, incluyendo Oscar Duque, Mario Martínez, Evaristo Mena, y Andrés Gil, fueron arrestados con cargos de rebelión.[67] En enero del 2008, dos líderes más, Miguel González y Ramiro Ortega, fueron detenidos, dejando la junta directiva completa detenida o bajo investigación.[68] En abril y mayo del mismo año, las investigaciones en contra de todos, con la excepción de González y Gil, fueron archivadas por un fiscal de la Unidad de Derechos Humanos.[69] El fiscal que examinó el caso declaró que los testigos de la fiscalía no pudieron especificar de cuáles actividades criminales los estaban acusando y su testimonio no se apoyó con soportes de otras pruebas que lo corroboraron. Encontró que su testimonio "no pasa de ser apreciaciones personales de quien las expone debiendo haber sido verificadas contundentemente por los organismos investigativos." [70] Sin embargo, en este momento González y Gil siguen detenidos y sujetos de juicios, a pesar de que sus casos se fundamentan en el mismo testimonio..

se contradijo con decir que lo vio en 2003. Además, otro testigo dijo que vio a Ramírez en el pueblo Argelia en 2002, mientras que la fiscalía sabía que el testigo no había estado en Argelia en 2002. El fiscal que revisó el caso concluyó que "la credibilidad o moralidad de un testigo se resiente cuando sus afirmaciones albergan incoherencias que desde las reglas de la lógica, las máximas de la experiencia, o adoptando criterios de racionabilidad, no encuentren una salida admisible." [71]

Al examinar el caso de Amaury Padilla (véase el Caso 24, en el Anexo), el Fiscal General encontró que los testimonios de testigos fueron tan inconsistentes y se contradecían tanto que hubo que cerrar el proceso penal por la falta de pruebas serias; resaltó que "al incurrir en contradicciones intrínsecas y extrínsecas, en afirmaciones que van contra las reglas de la experiencia

y... de todo esto lo que se infiere es una manipulación."[72] Por ejemplo, de los cinco testigos (cuatro de los cuales eran ex-guerrilleros receptores de beneficios por su reintegración), ninguno dio el misma alias en su identificación de Padilla como un supuesto integrante de las FARC. Otras inconsistencias incluyeron el supuesto papel que Padilla jugó en las FARC: algunos lo acusaron de jugar un papel militar, apareciendo en campamentos de las FARC por largos periodos y participando en secuestros, mientras que otros declararon que su papel fue meramente político e ideológico. El Fiscal General no pudo entender cómo fue posible que el fiscal inicial no hubiera encontrado la contradicción en que Padilla participaba en cualquiera de los dos papeles, dado que hubiera estado ausente de una forma notable de su trabajo de alto perfil en la

administración del Gobernador de Bolívar en Cartagena.[73] Un fiscal inicial imparcial hubiera concluido que la
investigación penal no tenía fundamento al comparar el
testimonio usado para incriminar a Padilla y documentos públicos.

III. La dependencia ilegal de informes de inteligencia falsos y sin fundamento confiable

"Los testigos que ofrecen testimonio basado en archivos de inteligencia no son testigos verdaderos, son testigos clonados."

Gustavo Gallón, Director de la Comisión Colombiana de Juristas[74]

A. El uso de informes de inteligencia inadmisibles

El uso de testigos poco confiables que han sido preparados por fiscales se agrava con una segunda fuente de pruebas fallidas en los casos de cargos en contra de defensores de derechos humanos: informes o archivos de inteligencia que no han sido corroborados. De los 28 casos relevantes para este informe que Human Rights First analiza en el Anexo, al menos 14 incluyen el uso de informes de inteligencia fallidos. Estos informes suelen ser preparados por las fuerzas armadas o por alguna de las diversas instituciones que forman parte de la policía judicial (véase el listado de acrónimos). Regularmente, los fiscales dependen solamente de estos informes para iniciar y seguir una investigación penal en contra de un defensor.

El derecho Colombiano prohíbe claramente esta práctica. Bajo tanto el antiguo como el nuevo Código de Procedimiento Penal, los informes de inteligencia son inadmisibles como pruebas y no tienen valor probatorio

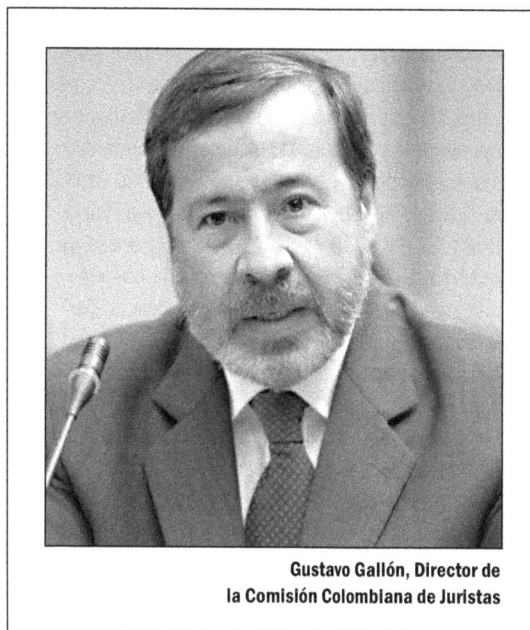

Gustavo Gallón, Director de la Comisión Colombiana de Juristas

independiente. El artículo 314 del antiguo código estipula que los archivos de la policía judicial "no tendrán valor de testimonio ni de indicios y sólo podrán servir como criterios orientadores de la investigación." Una ley del 1999 que reglamentó el Código del Procedimiento Penal agregó explícitamente: "En ningún caso los informes de la Policía Judicial y las versiones suministradas por informantes tendrán valor probatorio en el proceso."[75] Al interpretar el Código de Procedimiento Penal, la Corte Constitucional ha aclarado que:

El uso de los informes de inteligencia del ejército como el fundamento para cargos: Teófilo Acuña

Teofilo Acuña, el presidente de la Federación Agrominera del Sur de Bolívar (FEDEAGROMISBOL), denuncia las violaciones de derechos humanos de los miembros del Batallón Nueva Granada y representa las comunidades en el Sur de Bolívar que se oponen a la extracción de recursos por parte de multinacionales de minería. Después de su captura el 26 de abril del 2007, en Santa Rosa, Sur de Bolívar el Fiscal 28 de Simití, Bolívar, lo acusó de rebelión. El fiscal inició la investigación basada únicamente en un informe de inteligencia preparado por el Batallón Nueva Granada. Esta unidad del ejército fue responsable por la ejecución extrajudicial del predecesor de Acuña en FEDEAGROMISBOL, y había sido el objeto de sus denuncias de violaciones de derechos humanos.[76] Este batallón también fue responsable por la captura violenta de Acuña y tiene una historia de graves violaciones de derechos humanos.[77] Después de ser detenido por diez días, Acuña fue puesto en libertad por el mismo fiscal a través de una resolución que admitió la falta de pruebas y reconoció que los informes de inteligencia no tienen valor probatorio bajo la jurisprudencia Colombiana.[78] Sin embargo, la situación actual de seguridad para Acuña es peor, y el gobierno Colombiano ha declarado que la investigación de Acuña sigue abierta.[79]

■ Ningún informe ni testimonio ofrecido por testigos reintegrados pueden ser usados como pruebas;[80]

■ Las agencias de inteligencia solo pueden participar en la recolección de información cuando ya existan prueba suficiente para sugerir que el individuo en cuestión haya tomado acciones ilegales;[81]

■ Se prohíbe la divulgación de información en informes de inteligencia a individuos ajenos;[82] y

■ Si no se toman precauciones apropiados, los informes de inteligencia se pueden convertir en "un cúmulo de afirmaciones peligrosas que no tenían ningún sustento probatorio…"[83]

Numerosos fiscales también han reconocido esta restricción; en 1994 un fiscal declaró: "Desde el punto de vista estrictamente jurídico no es admisible asimilar las investigaciones penales con los informes de inteligencia o tomar éstos como prueba."[84] Al cerrar el caso en contra de la junta directiva de la ACVC en 2008, el fiscal habló claramente sobre este punto: "Las simples aseveraciones sin sustento de los funcionarios… no pueden constituir por si solas sustento probatorio restándole todo proceso verificativo…"[85]

B. El carácter poco confiable de los informes de inteligencia

Hay buena razón por lo cual los informes de inteligencia no constituyen evidencia admisible: frecuentemente contienen información fallida e incendiaria sin pruebas concretas de la participación de un defensor en grupos guerrilleros e incluyen declaraciones generales basadas en opiniones que confunden el trabajo de la defensa a los derechos humanos con el terrorismo. En el caso de Príncipe Gabriel González (véase el Caso 17, en el Anexo), por ejemplo, el informe de inteligencia sólo se refiere a un supuesto guerrillero con un alias, y sin ninguna indicación de que ese alias perteneciera a

La Operación Dragón

La Operación Dragón fue un ejercicio de recoger información de forma secreta, así como un supuesto complot de asesinar defensores de derechos humanos, líderes sindicales, y miembros de la oposición en Colombia.[86] En agosto, 2004, al examinar el CTI se descubrió una serie de documentos oficiales que, según informes, detalló los siguientes aspectos de la Operación Dragón:

Berenice Celeyta

- El departamento de inteligencia militar en la Brigada 3 del Ejército Colombiano en Cali contrataba a dos empresas privadas de seguridad para recoger información sobre 170 defensores de derechos humanos y políticos en Cali. Entre ellos estuvieron la reconocida defensora de derechos humanos Berenice Celeyta, la Presidenta de la Asociación para la Investigación y Acción Social (NOMADESC), y el Senador Alexander López, quien ahora es el Presidente de la Comisión de Derechos Humanos del Senado.

- La vigilancia y recolección de información tenía el objetivo de asesinar a algunas de estas personas, incluyendo a Senador López.

- La Brigada 3, la unidad del CTI en Cali, la policía de Cali y el DAS supuestamente apoyaron y colaboraron en la recolección de inteligencia sobre los defensores de derechos humanos.

- Un informe secreto de inteligencia militar declaró falsamente que varios de los defensores de derechos humanos participaron en terrorismo y actividades subversivas.[87]

- Un memorándum oficial de la oficina de la Fiscalía General erróneamente identificó a Celeyta, Senador López y 11 otros defensores de derechos humanos como parte de una red terrorista con conexiones al Ejército Republicano Irlandés (IRA), las FARC y el ELN.[88]

Operación Dragón es un ejemplo claro de las prácticas de los funcionarios del Ejército Colombiano, la Policía, la Fiscalía General, y el DAS de inventar información sobre defensores de derechos humanos en informes de inteligencia para detenerlos, iniciar procesos penales espurios en su contra, o poner en riesgo sus vidas. Después de casi tres años y una orden de la corte, la Fiscalía General ordenó abrir la investigación previa y citar a indagatoria varios oficiales. Sin embargo, no se han procesado penalmente a nadie.[89]

González. Sin embargo, el fiscal utilizó el informe de inteligencia para levantar cargos en contra de González.[90]

Los informes de inteligencia suelen ser sólo una suma de declaraciones dudosas de testigos sin otras pruebas que corroboren esas declaraciones. En el avance del proceso legal, los fiscales empeoran el problema cuando suscitan declaraciones de testigos que repiten las especulaciones contenidas en los informes, cómo se mencionó arriba.

Las organizaciones de derechos humanos en Colombia sugieren que oficiales militares aprovechan de los informes de inteligencia falsos que incriminan a defensores para presionar a los fiscales para que abran investigaciones en su contra.[91] Victor Julio Laguado Boada, por ejemplo, es un líder campesino en Arauca que trabaja con la cooperativa agraria COAGROSARARE. El 24 de octubre del 2006, un fiscal en Arauca inició una investigación sobre Laguado por rebelión y emitió una orden de captura (véase el Caso 19, Anexo).[92] Según la defensa, un fiscal con oficina en el batallón de la Brigada 18 abrió la investigación a base de dos informes de inteligencia preparados por la policía y el ejército.[93] La independencia del fiscal fue limitada no sólo por su cercanía al ejército sino también por la imposibilidad de acceder a víctimas y testigos en un espacio en que podrían aportar sus declaraciones sin sentir presión, miedo o mayor riesgo.[94] Se recogió las declaraciones de dos guerrilleros reintegrados, pero sus testimonios fueron inconsistentes y contradictorios entre sí, y se notó que sólo reiteraron el contenido de los informes de inteligencia.

Los archivos de inteligencia sin corroboración son usados tanto para iniciar investigaciones como información para los medios de comunicación. El primero de septiembre del 2008, por ejemplo, las noticias de un canal de televisión hicieron público un informe de inteligencia lo cual declaró que "organizaciones no gubernamentales, entre ellas MINGA han sido responsables de ayudar a miembros de las FARC y del ELN a emigrar a Canadá."[95] En su respuesta a una carta de Human Rights First con respecto a este incidente, el Ministerio de Defensa afirmó que no hubo informes de inteligencia que incluyeran información sobre defensores de derechos humanos, una declaración claramente contradicha por muchos de los casos presentes en este informe.[96] La diseminación de información falsa relacionada con MINGA a los medios de comunicación pone en peligro las vidas de las personas que trabajan con esa organización y levanta la inquietud de que puedan ser objeto de futuros cargos espurios a base de este informe de inteligencia.

.

IV. El prejuicio de los fiscales

"El gobierno promueve una tenebrosa conexión entre las organizaciones sociales y subversión."

> José Humberto Torres, abogado defensor de derechos humanos con el Comité de Solidaridad con Presos Políticos[97]

Un funcionario judicial "buscará la determinación de la verdad real. Para ello debe averiguar, con igual celo, las circunstancias que demuestren la existencia de la conducta punible, las que agraven, atenúen o exoneren de responsabilidad al procesado y las que tiendan a demostrar su inocencia."

> Artículo 234 del antiguo Código de Procedimiento Penal[98]

BAJO LA JURISPRUDENCIA Colombiana e internacional, los fiscales no deben seguir con un proceso penal cuando una investigación imparcial pudiera mostrar que la investigación no tienen fundamento. Como se describe arriba, se violan estos estándares cuando se usa evidencia sin corroboración ni fuentes confiables. Sin embargo, algunos fiscales han mostrado prejuicios adicionales hacia ciertos resultados cuando empiezan investigaciones o formulan cargos aún sin ningún tipo de evidencia, o sin considerar pruebas exculpatorias

como la ley estipula. La práctica común y peligrosa de describir públicamente a los defensores cómo terroristas antes de que se comience un juicio muestra la propensión de declarar su culpabilidad prematuramente.

A. Pruebas insuficientes para justificar una investigación y la falta de considerar evidencia exculpatoria

Frecuentemente, es muy difícil identificar cuál ha sido el fundamento usado por el fiscal al iniciar una investigación en contra de un defensor de derechos humanos. Al cerrar el proceso penal en contra de Claudia Montoya, un fiscal que revisó el caso dijo: "Naturalmente que en esta averiguación faltan diligencias de carácter relevante... El CTI expresa que tal información fue obtenida de entrevistas otorgadas por quienes aparecen como testigos de cargo, pero la verdad es que estudiados detenidamente tales testimonios, no aparecen referenciados tales puntos de manera explícita."[99] (Véase el Caso 23, en el Anexo.)

En muchos casos, en el momento de la captura de un defensor, los testigos no lo han identificado ni nombrado. Frecuentemente, el testimonio es tan incoherente y contradictorio que no alcanza ni los estándares básicos de evidencia que se requieren para fundamentar cargos con un carácter serio. Cualquier investigación imparcial mostraría que los cargos, y

Defensores detenidos por años a base de "meras sospechas": Las hermanas Mayuza

Nieves Mayuza es una activista que trabaja con la Federación Nacional Sindical Unitaria Agropecuaria, (FENSUAGRO). Su hermana, Carmen Mayuza, es una líder regional con la Asociación Nacional de Trabajadores Hospitalarios de Colombia (ANTHOC). Carmen lideró una campaña que luchaba en contra de la privatización de hospitales, a favor del acceso gratis a la salud y en la defensa de los derechos de los trabajadores. Ambas fueron capturadas el 11 de mayo del 2006, junto con Fanny Perdomo Hite (véase más abajo y el Caso 26, en el Anexo) bajo cargos de rebelión a base de su supuesta participación en secuestros realizados por el Frente 53 de las FARC. Fueron detenidas por más de dos años antes de que su juicio culminara con sentencia absolutoria. En su decisión, la Juez Carmen Cecilia Arrieta, del Juzgado 53 Penal del Circuito Bogotá, indicó que la investigación fue demasiado subjetiva e ignoró evidencia exculpatoria, como el testimonio de unos miembros del Frente 53 de las FARC que declararon que nunca habían visto a las hermanas Mayuza. [100] Un procurador judicial que revisó el caso por parte de la Procuraduría General encontró que no se habían cumplido los requisitos mínimos de sustancia necesarios para empezar el proceso penal. [101] Además, resaltó la necesidad de haber recogido información real que indicara responsabilidad por un crimen para formular cargos de rebelión, no "meras sospechas." [102]

Nieves Mayuza (arriba),
Carmen Mayuza (abajo)

Defensora detenida por dos años por haber brindado regalos a su hermana: Fanny Perdomo

Fanny Perdomo Hite fue miembro de La Comunidad Civil de Vida y Paz (CIVIPAZ), una organización de ciudadanos en situación de desplazamiento que trabajan pacíficamente para reclamar sus tierras. Su hermano, Reinaldo Perdomo, fue asesinado por supuestos paramilitares en agosto del 2003, se supone por su trabajo en defensa de los derechos humanos. Fanny Perdomo fue capturada el 11 de mayo del 2006 como resultado de sospechas sobre su participación en

secuestros y rebelión. Poco después se le levantaron los cargos de secuestro, pero el proceso penal por rebelión fue realizado por el Fiscal 9 de la Unidad Contra Secuestro y Extorción en Bogotá. Después de más de dos años detenida, ella fue absuelta en junio del 2008. [103] La única prueba que el fiscal tenía que conectaban a Perdomo con las FARC fue su compra de productos de higiene femenino y para el cabello y una tarjeta telefónica para su hermana, quien, según alegó el fiscal, era miembro de las FARC. El juez correctamente encontró que el hecho de brindar estos productos a su hermana por uso personal no puede ser actividad ilícita y no puede ser el fundamento por un proceso penal de rebelión en contra de Perdomo. El juez dijo: "Bastaría entonces con decir que los lazos de consanguinidad existentes entre hermanas permiten que se hagan entre ellas gestos de generosidad, inclusive si una de ellas se encuentra al margen de la ley." [104] Si el fiscal había seguido las leyes y estándares apropiados, es poco probable que hubiera concluido que Perdomo había participado en rebelión al regalar estas cosas a su hermana.

las pruebas que los soportan, no tienen base. Sin embargo, es común que los fiscales no investiguen pruebas exculpatorias que probarían la inocencia del defensor de una manera conclusiva. En circunstancias de este tipo, el hecho de que las investigaciones continúen puede mostrar una falta de objetividad.

Además, las investigaciones proactivas en contra de los defensores contrastan fuertemente con la falta de investigación y procesos penales en muchos casos de crímenes graves en Colombia.[105] El sistema judicial en Colombia es corrupto y sufre una falta de recursos y capacidad y, como resultado, muchos crímenes quedan en la impunidad, particularmente los que violan los derechos de los defensores de derechos humanos.[106] Dada la situación de impunidad generalizada, la decisión de comenzar procesos penales en contra de los defensores basados en pruebas poco confiables muestra que muchos fiscales desprecian su papel y el estado de derecho.

Por ejemplo, en el caso de Amaury Padilla (citado arriba y en el Caso 24, en el Anexo), el Fiscal General desechó el caso citando que la falta de preparación por parte del fiscal que inició la investigación en contra de Padilla fue alarmante. Ni el DAS ni el fiscal podrían indicar cuáles oficiales interrogaron a uno de los testigos. Además, el Fiscal General notó que el fiscal que abrió la investigación sólo dependía de la transcripción de la entrevista realizada por el DAS, en vez de haberlo interrogado él mismo.[107] Estas vistas al interior del proceso penal generan graves dudas sobre los motivos del proceso de la deposición del testigo. Dada la falta de pruebas y la evidencia problemática, también falta claridad sobre las razones que el fiscal haya ordenado la detención de Padilla por seis meses.

B. Declaraciones públicas que señalan a los defensores de derechos humanos como terroristas

"La estigmatización y los señalamientos contra defensores de derechos humanos provenientes fundamentalmente del Alto Gobierno, en cabeza del presidente Uribe, su asesor presidencial José Obdulio Gaviria, y de otros sectores de extrema derecha, han estado dirigidos a generar un clima de polarización, hostilidad y falsas pruebas, cuyas consecuencias son las detenciones de defensores."

Luis Jairo Ramírez, Director Ejecutivo del Comité Permanente de Derechos Humanos[108]

El DAS, el ejército y los fiscales regionales han mostrado su propensión de detener a los defensores de derechos humanos y públicamente declararlos terroristas, frecuentemente antes de que se les hayan acusado formalmente de un delito. Estas acciones hacen un juicio justo imposible y viola la presunción de inocencia que debe regir el trabajo de todos los fiscales y autoridades judiciales. Más aún en Colombia, una sociedad que experimenta una polarización política, este señalamiento pone en grave peligro las vidas de los defensores porque potencialmente promueve ataques en su contra. El hecho de públicamente marcar a una persona como un terrorista de las FARC puede abrir espacio para ataques en su contra por parte de los paramilitares u otros (véase, por ejemplo, el Caso 12, en el Anexo). De los 28 casos relevantes listados en el Anexo, al menos ocho incluyen comentarios de funcionarios anteriores al juicio que equipararon al defensor con un terrorista; unos ejemplos son:

■ Mientras se realizaba la investigación de Juan Carlos Celis Gonzáles, un activista de una ONG en Bogotá, el fiscal supuestamente ofreció declaraciones que equipararon las actividades de derechos humanos de Celis con acciones de apoyo a las FARC, describiendo esas actividades como instrucción, adoctrinamiento, relaciones internacionales, reclutamiento, publicidad, planeación e infiltración por las FARC.[109] Celis González fue detenido por casi un año antes de que el Fiscal Especial 13 de Bogotá le acusó de rebelión y otros delitos relacionados (véase el Caso 10, en el Anexo). [110]

■ Luz Perly Córdoba Mosquera fue Presidente de la Asociación Campesina de Arauca (ACA). A pesar de ser reconocida como defensora de derechos humanos nacional e internacionalmente,[111] Córdoba fue capturada por miembros del DAS el 18 de febrero del 2004 (véase el Caso 11, en el Anexo). Un documento del DAS supuestamente alegó que la ACA fue un brazo político de las FARC y que el trabajo en defensa de los derechos humanos de Córdoba solo fue una fachada que escondía actividades de terrorismo y rebelión.[112] También se ha reportado que el fiscal declaró que el trabajo en defensa de los derechos humanos es una parte de la campaña de las FARC de desprestigiar al estado Colombiano.[113] Estos comentarios muestran el prejuicio del fiscal y el DAS en contra de Córdoba en particular, y en contra de los defensores de derechos humanos en general. Sólo le acusaron de rebelión y tráfico de drogas seis meses después; sin embargo un juez anuló estos cargos en marzo de 2005.[114]

Los fiscales no sólo han hecho declaraciones públicas como éstas, sino también frecuentemente han compartido fotos o videos de defensores de derechos humanos con los medios de comunicación. El uso de estas imágenes en los medios de comunicación señala a los defensores de derechos humanos como terroristas. Teresa de Jesús Cedeño Galindez es una abogada de defensa penal y era Presidente del Comité Permanente de Derechos Humanos (CPDH), una de las organizaciones de derechos humanos más antiguas en Colombia.[115] El 30 de Julio del 2003, el CTI la detuvo con otras personas que trabajaron con ella en Arauca.[116] El Fiscal 287 en Bogotá le acusó de fraude procedimental y soborno, aunque los cargos de fraude se levantaron casi inmediatamente (véase el Caso 8, en el Anexo). El CTI y el fiscal ofrecieron un video a los medios comunicación de una mujer, sin identificarla, contando plata, que se usó para públicamente denunciar a Cedeño. La fiscalía no presentó el video como prueba en el proceso penal, pero su diseminación puede haber sido un intento de sesgar el juicio. Al apelar, una corte criticó la publicación del video en la televisión con las siguientes palabras: "Se cuestiona la difusión del video por los medios de comunicación... y que, de haber sido cierta, daría lugar a una investigación por la violación de la reserva sumarial a los servidores encargados de la custodia de este medio de prueba."[117] Es probable que la publicación del video antes del juicio haya violado el artículo 7, que protege la presunción de inocencia, y el artículo 14, que rige la publicidad de un caso, del Código de Procedimiento Penal de Colombia.

Algunos fiscales también proponen mostrar culpabilidad por asociación. El fiscal que revisó el caso en contra de ACVC notó que sólo porque supuestamente una persona fue vista reunida con un alegado insurgente, no muestra que esa persona por sí misma es insurgente (véase el Caso 2, en el Anexo). El fiscal notó que este punto es especialmente relevante en el contexto Colombiano, donde es común que la guerrilla utilice coerción para hacer que personas se reúnan con ellos.[118] Para formular un proceso penal de rebelión, los fiscales deben tener evidencia clara que cumpla con todos sus elementos nombrados en el artículo 467 del Código Penal, particularmente "pretendan derrocar el Gobierno Nacional" o el uso de armas para abolir el régimen constitucional. [119]

V. Los problemas en la investigación previa

EN EL DERECHO PENAL Colombiano, hay garantías procedimentales que pretenden prevenir el uso de pruebas sin fundamentos y que promueven la revisión de evidencia sin sesgos; algunos ejemplos de esas garantías son los límites de tiempo para adelantar investigaciones y la obligación de informar a las personas que están bajo investigación. Sin embargo, es común que los fiscales descuiden estas garantías. Bajo el antiguo Código Procedimental, en una investigación previa un fiscal tiene como propósito indagar si hubo conductas ilícitas y obtener pruebas con el fin de identificar quiénes fueron responsables por tales delitos.[120] Frecuentemente los fiscales detienen a los defensores por periodos de tiempo que sobrepasan los límites y realizan investigaciones sin informar al defensor de la investigación o consiguientes cargos. En estas circunstancias, parece que el propósito de las investigaciones previas es intimidar, callar o disuadir a los defensores de seguir trabajando a favor de los derechos humanos.

A. Las investigaciones previas sobrepasan sus límites de tiempo

En el Código de Procedimiento Penal, el artículo 325 estipula el límite de una investigación a seis meses, sin embargo se han realizado investigaciones previas contra los defensores de derechos humanos que han durado mucho más. Un fiscal que revisó el caso de Alejandro Quinceno encontró que el fiscal inicial había violado el artículo 325 cuando la investigación previa duró casi un año (véase el Caso 28, en el Anexo).[121] En el caso de José Murillo y los defensores Araucanos, parece que el fiscal realizó una investigación previa durante ocho meses o más (véase el Caso 4, en el Anexo). [122] La ACVC alega que la captura de Andrés Gil resultó después de una investigación previa que duró cinco años (véase el Caso 2, en el Anexo). [123]

B. La realización de investigaciones sin informar al acusado

Tanto la Constitución Colombiana como el Código de Procedimiento Penal interpretado por la Corte Constitucional estipulan claramente que cualquier persona sujeta a una investigación previa debe ser informada de su existencia por el fiscal.[124] Este requisito se basa en la presunción de inocencia tanto como el derecho a una defensa jurídica efectiva: "El derecho a la presunción de inocencia … se vulnera si no se comunica oportunamente la existencia de una investigación preliminar a la persona involucrada en los hechos, de modo que ésta pueda, desde esta etapa, ejercer su derecho de defensa conociendo y presentando las pruebas respectivas"[125] Sin embargo, es poco común que los fiscales que realizan las investigaciones previas notifican a los defensores de derechos humanos de ese proceso. (Unos ejemplos particularmente graves se ven en los Casos 3, 4, y 26, en el Anexo). Las investigaciones secretas promuevan especulaciones entre los defensores de derechos humanos que los fiscales estén conspirando con testigos poco confiables al inventar investigaciones falsas.

C. El incumplimiento de informar oportunamente a los defensores de cargos en su contra

Un problema relacionado, pero más serio, es el incumplimiento de la norma de informar a los defensores de los cargos en su contra una vez que se haya terminado la investigación previa, y, a veces, aún después de haberlos capturado. Por ejemplo, en el caso de José Murillo y los otros líderes Araucanos parece que la investigación previa se inició el 27 de enero del 2003, pero nunca se les informó de la investigación. El 21 de agosto del 2003, miembros del DAS, CTI y otras agencias gubernamentales entraron a la casa de Murillo y lo capturaron, supuestamente sin una orden de captura. Pasaron seis meses de su detención con otras personas antes de que el Fiscal Especial 12 de la Unidad Nacional Anti-Terrorista les acusó de rebelión el 24 de febrero, 2004 (véase el Caso 4, en el Anexo). [126]

Príncipe Gabriel González fue detenido por más o menos cuatro meses antes de que se le informaran de los cargos en su contra (véase el Caso 17, en el Anexo), mientras que Luz Perly Córdoba fue detenido por alrededor de seis meses antes de que fuera acusada formalmente (véase el Caso 11, en el Anexo). Adicionalmente, un juez en Madrid, Cundinamarca, declaró ilegal la captura de Aldemar Lozano, un líder comunitario con la Comisión Inter-eclesial de Justicia y Paz (CIJP), porqué había sido detenido sin información relacionada a los motivos de su captura o el tipo de cargos en su contra (véase el Caso 20, en el Anexo).[127]

VI. La detención arbitraria de los defensores de derechos humanos

Una detención es arbitraria "cuando la privación de libertad resulta de un enjuiciamiento o una condena por el ejercicio de derechos o libertades."

El Grupo de Trabajo de la ONU sobre la Detención Arbitraria[128]

FRECUENTEMENTE los defensores son capturados sin una orden de captura válida, se les mantiene en detención preventiva o aseguramiento sin justificación, y sufren condiciones inaceptables de detención. De hecho, todos los defensores de derechos humanos relevantes mencionados en el Anexo, menos uno, fueron detenidos. La detención de defensores de derechos humanos sucede en una coyuntura de una alta incidencia de detenciones arbitrarias de la población en Colombia. La organización de investigación e incidencia, Coordinación Colombia, Europa y Estados Unidos (CCEEUU), documentó 6,912 detenciones arbitrarias de civiles entre agosto del 2002, y julio del 2006; la mayoría detenida en grupos de diez o más personas.[129] Si bien la detención arbitraria de toda persona es una violación grave del derecho internacional y Colombiano, la detención de los defensores de derechos humanos es particularmente dañina al pleno disfrute de los derechos humanos por dos razones: primero, despierta la preocupación de que el defensor fue detenido por haber ejercido sus derechos y libertades fundamentales, como la libertad de expresión e la asociación; en segundo lugar, tiene un efecto

inquietante de mostrar a la comunidad en general que cualquier persona puede ser privado de su libertad. Miembros de la sociedad civil Colombiana expresan sus preocupaciones de que las fuerzas armadas, el DAS y los fiscales se coordinan para intimidar a los defensores con sus detenciones.[130]

A. Sin una orden de captura válida

Parecen haber al menos cuatro formas en que se detienen a defensores sin una orden de captura válida.[131] Primero, se captura a los defensores sin ninguna orden, como en los casos de Juan Carlos Celis González y José Murillo Tobo y los otros líderes araucanos (véase los Casos 8 y 3, en el Anexo). Segundo, existe una orden, pero no contiene información suficientemente específica para poder identificar la persona que se debe capturar. Tercero, la orden se llena durante o después de la captura, como en el caso de Mauricio José Avilez Álvarez (véase el Caso 6, en el Anexo). Cuarto, la orden no es válida porque no se ejecuta correctamente, como se alega que sucediera en los casos de Teófilo Acuña y Elkin Ramírez (véase los Casos 1 y 26, en el Anexo).

Cada uno de estos escenarios viola tanto leyes colombianas como normas internacionales. Para expedir una orden de captura, el derecho Colombiano requiere que un juez apruebe la existencia de evidencia suficiente de conductas punibles; la identificación de los que se presumen culpables del crimen; y el motivo

La detención de defensores por su ejercicio de derechos fundamentales: Martín Sandoval

El 4 de noviembre del 2008, hubo una detención de varios defensores de derechos humanos en Arauca como parte de una operación que se parecía a la detención de José Murillo y sus colegas en 2003 (véase el Caso 4, en el Anexo).[132] La fiscal Ruth Tovar Merchan de la 1ª Unidad Especializada de la Fiscalía en Cúcuta y Arauca aparentemente autorizó la detención, acusando a los defensores de rebelión.[133] La policía, el DAS y el CTI realizaron la detención del grupo, incluyendo a Martín Sandoval, un defensor de derechos humanos bien conocido y el Presidente del Comité Permanente de los Derechos Humanos (CPDH) en Arauca. Sandoval ha criticado la historia de abusos de derechos humanos en Arauca, particularmente en temas de detenciones arbitrarias, desplazamiento forzado y ejecuciones extrajudiciales.[134] Los defensores siguen detenidos y el Fiscal General no ha respondido a la petición de Human Rights First por una explicación de la captura.

suficiente para poder presumir que estos mismos son los responsables por el crimen.[135] El derecho Colombiano también aclara que los informes de inteligencia no poseen un valor probatorio en sí. Sin embargo,

funcionarios judiciales frecuentemente han emitido órdenes de captura solamente a base de la información de informes de inteligencia (véase la sección III arriba).

B. La detención preventiva sin justificación

El Código de Procedimiento Colombiano prevé el uso de la detención preventiva de una persona antes de que se formulen los cargos, pero la detención se limita por los principios de necesidad y proporcionalidad.[136] Por lo tanto, un fiscal puede imponer la detención preventiva solamente cuando:

- Haya una necesidad demostrable y el fiscal tenga al menos dos indicias graves y legalmente obtenidas de la responsabilidad criminal; y

- Las medidas impuestas sean lo menos restrictivas necesarias para asegurar la presencia del acusado, la preservación de pruebas y la protección de la comunidad.[137]

Sin embargo, frecuentemente los fiscales abusan del marco de la detención preventiva para privar a los defensores de derechos humanos de su libertad sin justificar por qué tal detención es necesaria o proporcional. En el caso de la detención de José Murillo, el fiscal supuestamente nunca comunicó a los acusados porque era necesario detenerlos preventivamente (véase el Caso 4, en el Anexo).[138] De hecho, los acusados fueron defensores de derechos humanos conocidos y con vínculos históricos con la comunidad; por lo tanto hubo poco riesgo que intentaran fugarse. Adicionalmente, las pruebas principales vinieron de testigos que permanecían en bases militares, y por eso no estaban en peligro de ataques de los acusados. Además, el estado Colombiano viola los derechos de los defensores consagrados en el artículo 9 (4) de la PIDCP y el artículo 7 (6) de la Convención si los defensores no pueden llevar su proceso ante una corte para determinar la legalidad de su detención.

En el caso de los líderes de la ACVC, también se aplicaron detenciones preventivas (véase el Caso 2, en el Anexo). Después de un mes, el 3º Fiscal en Barrancabermeja rechazó su petición de anular la detención. Al hacer eso, el fiscal creó jurisprudencia preocupante por la revocación de detención preventiva. [139] El fiscal dijo que las medidas de detención solo se pueden revocar cuando la defensa presenta nueva evidencia—un estándar que parece poner la responsabilidad de pruebas en las manos de los acusados, en vez de los fiscales. El fiscal agregó referencias a la "libertad provisional" como un "beneficio" que los acusados no pudieron disfrutar porque alegó que presentaban una amenaza a la comunidad. [140] Los argumentos a favor de la detención preventiva en este caso también fueron preocupantes. Primero, la fiscalía argumentó que dado que los acusados fueron acusados de un delito serio con penas de hasta 13 años preso, no fue racional que aparecerían para el juicio. Segundo, la fiscalía argumentó que, dado la seriedad de los delitos, los acusados eran peligrosos para la comunidad. [141] La implicación de estos argumentos es que la medida de detención preventiva será estándar en cualquier caso de rebelión. Esta manipulación de detención preventiva claramente contradice tanto el Código de Procedimiento como la jurisprudencia de la Corte Constitucional.

C. Las condiciones inaceptables de detención

También se ha reportado que las condiciones de las detenciones de los defensores de derechos humanos son problemáticas. Se ha alegado que los defensores hayan sido abusados mientras están bajo captura,[142] puestos en cárceles desproporcionalmente difíciles,[143] o negado el acceso a un abogado.[144] En los casos de José Murillo y Claudia Montoya, los defensores fueron puestos en cárceles de máxima seguridad, en la compañía de criminales, y en regiones lejanas de sus abogados, lo que les impidió el acceso a una defensa legal efectiva (véase los Casos 4 y 23, en el Anexo).

VII. Injuria y calumnia

"La judicialización de los defensores de derechos humanos en Colombia se ha convertido en una forma perversa de las autoridades, para bloquear e intentar deslegitimar la acción legitima de estos..."

Agustin Jimenez Cuello, Presidente del Comité de Solidaridad con Presos Políticos (CSPP)

En los casos más típicos en que se formulan cargos de rebelión en contra de los defensores de derechos humanos, los fiscales no alcanzan cumplir con los elementos necesarios de ese crimen. En los casos de crímenes de injuria y calumnia, también hay un estándar jurídico ya fallido. Estos delitos penales son definidos ampliamente, lo que les hace particularmente susceptibles a abusos, y, por lo tanto, se usan frecuentemente para violar el derecho a la libertad de expresión de los defensores de derechos humanos.

Los delitos de injuria y calumnia se crearon con los artículos 220-228 del Código Penal Colombiano. [145] Específicamente el artículo 220 describe "él que haga a otra persona imputaciones deshonrosas" como un individuo que comete el delito de injuria mientras que el artículo 221 expone que una persona es culpable de calumnia cuando "impute falsamente a otro una conducta típica." Finalmente, el artículo 224 incluye la posibilidad de que se pueda defender de esos cargos si se puede probar que las declaraciones sean verdaderas.

Si bien es común alrededor del mundo que haya agravios civiles de injuria y calumnia, la criminalización de tales comportamientos es problemática. Los defensores de derechos humanos juegan un papel clave en la formulación de la opinión pública y aumentan la posibilidad de que una sociedad reciba información importante e ideas diversas. Cuando se realizan procesos penales en contra de los defensores de derechos humanos por sus opiniones, se les disuade de hacer su trabajo y se produce un efecto intimidante para la sociedad civil en general, porque les disuade de participar en el control público de las instituciones y de opinar políticamente. [146] La CIDH ha encontrado que cuando los defensores de derechos humanos y otros son disuadidos de examinar a los funcionarios públicos, "se transforma a la democracia en un sistema donde el autoritarismo y las violaciones a los derechos humanos encuentran un terreno fértil para imponerse..."[147]

Claudia Julieta Duque, una periodista reconocida cuyo trabajo se enfoca en temas de derechos humanos, fue acusada de injuria y calumnia después de que Emiro Rojas, un ex director del DAS en Antioquia, le denunció (véase el Caso 13, en el Anexo).[148] Duque había realizado investigaciones novedosas alrededor del asesinato del periodista Jaime Garzon y acusó a Rojas, el director del DAS de ese entonces, de irregularidades en la investigación del caso.[149] Human Rights First no conoce ninguna acción por el fiscal de indagar alrededor de la veracidad de sus declaraciones.

Un defensor bajo investigaciones penales por haber criticado a un funcionario público: Iván Cepeda

En 2007, en Sincelejo, Sucre en el noroeste de Colombia, la Fiscalía inició una investigación penal en contra de Iván Cepeda por injuria y calumnia criminal.[150] Cepeda, el vocero de alto perfil del Movimiento Nacional de Víctimas de Crímenes de Estado, recibió el Premio Medalla de la Libertad Roger Baldwin de Human Rights First en 2007.[151] La investigación resultó de una denuncia formal por parte de José María Conde Romero, un congresista de Sucre en la Cámara de Representantes. [152] Conde denunció Cepeda por calumnia cuando dio un discurso en una reunión pública en San Onofre, Sucre en que, después de haber recibido el testimonio de ciudadanos acerca de vínculos entre los funcionarios públicos y grupos paramilitares, Cepeda dijo que Conde tenía vínculos con grupos paramilitares.[153] Cepeda describió lo que consideraba un ejemplo de corrupción pública y un funcionario público involucrado en posibles violaciones de derechos humanos. El fiscal no investigó los alegatos de Cepeda o la veracidad de sus denuncias, sino que lo investigó por injuria. Como todos los ciudadanos, los defensores de derechos humanos no deben hacer declaraciones falsas y maliciosas en contra de funcionarios públicos. Sin embargo, es especialmente importante que no se limiten por miedo de cargos penales su responsabilidad de velar por el respeto de los principios de derechos humanos por los funcionarios públicos. Si bien el Fiscal General ha tomado un paso positivo al nombrar un nuevo fiscal a la investigación en Bogotá, todavía no se ha cerrado el caso.

No solo la criminalización de injuria y calumnia sino también las prácticas de los fiscales que formulan tales cargos son problemáticas. Como se ve ejemplificado en los casos de Duque y Cepeda (véase el texto en el cajón abajo), los fiscales suelen iniciar investigaciones de injuria criminal como resultado de peticiones de funcionarios públicos. Después, los fiscales raramente indagan la veracidad de las declaraciones de los defensores de derechos humanos que, si son verdaderas, podrían exonerarles de su culpabilidad bajo el artículo 224 del Código Penal.

VIII. Conclusiones y recomendaciones

"Hay un problema con el señalamiento de los defensores...existen casos en contra de los defensores con un motivo político claro...."

Carlos Franco, Programa Presidencial de los Derechos Humanos[154]

EN COLOMBIA, como en cualquier estado, los fiscales tienen la responsabilidad de investigar y realizar procesos penales que aseguren que haya justicia para los responsables. Sin embargo, las investigaciones deben ser realizadas de acuerdo con el derecho Colombiano y las normas internacionales. Este informe ha mostrado que frecuentemente las investigaciones en contra de los defensores de derechos humanos se inician a base de evidencia fabricada o inverosímil de testigos que faltan objetividad o de informes de inteligencia falsos e inadmisibles. También ha revelado que hay un prejuicio por parte de los fiscales frente a los defensores de derechos humanos y el uso frecuente de detenciones arbitrarias.

Dado que los defensores en particular están sufriendo este tipo de persecución, es necesario crear soluciones que se enfoquen específicamente en ellos. Las recomendaciones que siguen son diseñadas para responder a cada fase del problema, desde la investigación previa, a la captura y la detención del acusado, y el uso de testigos poco confiables en el juicio. Acciones concretas que responden a estas recomendaciones aprovecharían de los cambios en los procedimientos penales y el profesionalismo e independencia de algunos jueces y fiscales que se han

nombrado en este informe, para disminuir considerablemente los procesos penales sin fundamento.

A. La revisión de las investigaciones en contra de los defensores

El derecho Colombiano y las normas internacionales incluyen principios fundamentales del debido proceso, que requieren que los fiscales examinen acusaciones por su verosimilitud tanto como parte de la fase de la investigación previa, como antes de capturar al acusado y de recoger evidencia independiente como parte de una investigación imparcial para corroborar las mismas. Cuando el proceso de verificación muestre que la acusación no tiene fundamento, se debe cerrar la investigación. Claramente, en los casos en contra de los defensores de los derechos humanos, estas leyes se están violando.

En muchos de los casos citados en este informe, un fiscal o juez superior eventualmente levantó los cargos. Sin embargo, la investigación nunca debía haberse iniciado y la revisión del proceso debía haber sucedido más temprano. Al momento que se cerraron los procesos penales, los defensores ya habían sido señalados como insurgentes y terroristas y es posible que enfrenten amenazas de muerte y tengan miedo de ataques por el resto de sus vidas. Como el Grupo de Trabajo sobre la Detención Arbitraria de las Naciones Unidas ha resaltado en Colombia, una revisión por un fiscal no resuelve el hecho de que la investigación estuviera plagada con graves irregularidades.[155] La realidad de que se hayan desechado tantas investigaciones en contra de los defensores no muestra un buen funcionamiento del sistema jurídico, sino el carácter endémico y extensivo de los problemas fundamentales.

Actualmente, el proceso por lo cual se revisan los procesos penales en contra de los defensores sigue siendo ad hoc y depende principalmente de la capacidad de apelación de los defensores y de que el caso llegue a las manos de un fiscal objetivo. Por lo tanto, es necesario que haya una coordinación centralizada que garantice la revisión de cada investigación en contra de los defensores de una manera oportuna y objetiva. Con una coordinación centralizada y confiable, es más probable que haya una revisión oportuna y objetiva. La existencia de un mecanismo así, puede disuadir que se inicien tantas investigaciones falsas. Las medidas específicas deben incluir:

■ El Fiscal General, o el fiscal a cargo de cada caso, cierre las investigaciones penales en contra de los defensores de derechos humanos sin fundamento que son identificadas en este informe.

■ El Fiscal General pase una resolución que apodere a la Unidad de Derechos Humanos en Bogotá de la coordinación de la revisión de las investigaciones penales en contra de los defensores de derechos humanos. Esta Unidad debe asumir un papel parecido con lo que realiza en las investigaciones de desaparición forzada.[156] La Unidad debe poder examinar oportunamente si el caso cumple con los estándares del debido proceso o rápidamente delegar la revisión a un fiscal regional de la Unidad de Derechos Humanos cuando sea necesario. Cuando se encuentre que los casos son especiosos, se deben cerrar inmediatamente. También, debe existir un mecanismo que permita que los defensores de derechos humanos puedan registrar sus denuncias directamente con la unidad. Al decidir cuáles de los casos revisará, la Unidad de Derechos Humanos debe acudir a la definición

amplia de defensores de derechos humanos que se utiliza en la ONU. [157]

■ La Procuraduría General debe asegurar que sus procuradores judiciales intervengan oportuna y consistentemente en los casos de procesos penales maliciosas en contra de los defensores.

En 2008, la legislación de los Estados Unidos que regula la ayuda externa a Colombia designó $39.75 millones al financiamiento de actividades que apoyan a procesos relacionados con la implementación de justicia, derechos humanos, y el estado de derecho, incluyendo $20 millones a la Fiscalía General y $5 millones adicionales para su Unidad de Derechos Humanos. [158] Por lo tanto:

■ USAID y el Departamento de Justicia de los Estados Unidos deben apoyar al Fiscal General, particularmente en el papel de la Unidad de Derechos Humanos, en su veeduría y seguimiento de todas las investigaciones en contra de los defensores de derechos humanos, como se nombra en la recomendación arriba. Tal apoyo debe incluir financiación, asistencia técnica y capacitación.

B. En respuesta al comportamiento de los fiscales

Entre los problemas que contribuyen a las investigaciones maliciosas están, la corrupción entre fiscales regionales, y la falta de investigación de las conductas ilegales de los fiscales por parte del Fiscal General. Human Rights First todavía no conoce ningún caso de procedimiento disciplinario o de investigación penal en contra de los fiscales que iniciaron las investigaciones penales especiosas nombradas en este informe. Además, los funcionarios judiciales, o no conocen, o niegan cumplir con los estándares del debido proceso nombrados, tanto en el Código de Procedimiento Colombiano, como en las normas internacionales.

Muchos fiscales influyen excesivamente a las declaraciones de los testigos o usan testimonios claramente falsos. Para remediar estos aspectos de los procesos penales:

- El Fiscal General debe realizar una investigación interna, particularmente de los fiscales regionales, que busque corrupción y vínculos entre funcionarios de la justicia y los paramilitares y sus grupos sucesores. Desde luego el estado debe despedir a todo funcionario de las fiscalías y la judicatura que sea corrupto o que tenga vínculos con grupos armados ilegales.

- El Fiscal General debe sancionar y abrir procesos penales en contra de todos los fiscales que hayan violado la ley con investigar falsamente a los defensores de derechos humanos.

- Los fiscales deben rechazar completamente cualquier testimonio inverosímil, dejar de influir a los testigos en su rendición de declaraciones y evaluar el testimonio de los excombatientes que reciben beneficios del proceso de reintegración con cuidado. Los fiscales también deben ofrecer las pruebas que cuestionen la credibilidad de los testigos a los acusados.

- El Fiscal General debe publicar una resolución o un directivo para todas las fiscalías e instituciones de la judicatura que resalte las normas internacionales relevantes (tales como las citadas en este informe) y las provisiones del nuevo Código de Procedimiento Penal en Colombia. La resolución debe dar énfasis en que estas normas y códigos establecen estándares para la imparcialidad de investigaciones y juicios justos, al igual que prohíben la realización de procedimientos penales por motivos políticos en contra de cualquier persona, pero particularmente los defensores de derechos humanos.

C. La regulación de los informes de inteligencia

Las fuerzas armadas y la policía judicial abusan de la recolección y el uso de información obtenida de informes de inteligencia y estos comportamientos juegan un papel integral en la creación de procesos penales espurios en contra de los defensores. La Procuraduría General de la Nación y el Ministerio de Defensa ya han creado un Grupo de Trabajo para establecer los criterios para la revisión de los archivos de inteligencia militar.[159] Sin embargo, la Procuraduría reporta que el Ministerio de Defensa y las fuerzas armadas no han cumplido con los criterios establecidos por el Grupo de Trabajo;[160] entre ellos, no han cumplido con lo más importante, que es permitir de que la Procuraduría revise los archivos de inteligencia.[161] También, el Ministerio de Defensa ha informado a la Procuraduría y a Human Rights First que ya han realizado una revisión de todos los archivos y que ninguno contiene información relacionada a los defensores.[162] El hecho de que las fuerzas armadas nieguen tener archivos de inteligencia relacionados con los defensores, cuando tales archivos han sido publicados en los medios de comunicación y usados en procesos penales, muestra claramente la necesidad de una autoridad independiente que revise los mismos.

El Congreso Colombiano debe realizar cambios al *Proyecto de Ley sobre Inteligencia y Contrainteligencia* antes de que sea pasado para que regule mejor la colección y el uso de la información en los informes de inteligencia.[163] Este proyecto de ley debe: [164]

- Aclarar que no se puede recoger información por atribuciones arbitrarias, como la pertenencia a organizaciones de derechos humanos;

- Declarar, de una manera inequívoca, que ningún informe de inteligencia puede ser utilizado como evidencia en un proceso penal o administrativo;

■ Hacer necesaria una orden judicial para la recolección de inteligencia;

■ Apoderar al Procurador General de realizar revisiones de informes de inteligencia sin aviso a cualquier institución para excluir toda información sin fundamento que incrimine o prejuzgue a cualquier persona, y en particular, a los defensores de derechos humanos; [165]

■ Prohibir la diseminación de información contenida en los informes de inteligencia;

■ Promover el respeto por el derecho a *habeas data* (el derecho de individuos de obtener y corregir la información en su contra) establecido por la Constitución Colombiana. Por lo tanto, el proyecto de ley debe crear un mecanismo por el cual los individuos puedan acceder, verificar y corregir la información contenida en los informes de inteligencia; [166] y

■ Establecer un mecanismo para hacer seguimiento a que se cumplan los requisitos nombrados arriba y judicializar a los funcionarios que los violen.

D. Cambiar las actitudes de los fiscales hacia el trabajo en defensa de los derechos humanos

La sociedad Colombiana, y específicamente los fiscales y jueces, siguen cuestionando el carácter del trabajo de defensa de los derechos humanos de una manera inapropiada. Hay varios ejemplos de fiscales que equiparan públicamente la promoción de los derechos humanos con terrorismo o con acciones subversivas. Sin embargo, algunos fiscales han resaltado que sus colegas deben respetar el trabajo en defensa de los derechos humanos. Al desechar la investigación en contra de Julio Avella y otros defensores de derechos humanos, un fiscal encontró que la evidencia mostró

que eran "personas de bien, así profesen pensamientos de izquierda, permitidos dentro de una democracia participativa y pluralista como la nuestra." [167] Avella trabajó por la Corporación para la Defensa y Promoción de los Derechos Humanos (REINICIAR) como coordinador del equipo en Santander (véase el Caso 5, en el Anexo). Al cerrar la investigación en contra de Alejandro Quiceno, el fiscal que revisó el caso declaró: "El vociferar en contra del Sistema, no es delito, porque las opiniones son respetables y protegidas por nuestra carta Magna. Todo ciudadano Colombiano tiene derecho a disentir, pero una cosa es protestar y otra cosa es cargar un arma de guerra y premeditar actos insurreccionales." [168] (Véase el Caso 28, en el Anexo.)

■ Todo funcionario Colombiano debe abstenerse de hacer declaraciones que desprestigian el trabajo en defensa de los derechos humanos o señalan a los que realizan tal trabajo como guerrilleros. El Presidente de la República debe emitir una nueva Directiva Presidencial a tal fin, parecida a las emitidas por administraciones anteriores. [169]

■ Los Estados Unidos, como un financiador y promotor de reformas jurídicas en Colombia, puede jugar un papel constructivo: USAID debe trabajar con la Fiscalía y la Defensoría a fin de implementar un programa que capacite y sensibilice a los fiscales y jueces en el valor del trabajo al favor de derechos humanos. Tal programa debe enfatizar que el trabajo en defensa a los derechos humanos no está vinculado con terrorismo y está protegido bajo el derecho Colombiano y unas normas internacionales.

■ Los funcionarios Estadounidenses deben seguir haciendo seguimiento, en conjunto con sus contrapartes Colombianas, a casos de procesos penales especiosos en contra de los defensores de derechos humanos y enfatizar que tal persecución viola los Principios Rectores Sobre ONGs del Gobierno de los Estados Unidos. Adicionalmente, al nivel político más alto, las políticas de los Estados Unidos en relación con Colombia deben enfocarse en las reformas estructurales contenidas en este informe para responder al problema de manera sistemática.

- El Congreso Estadounidense debe incluir, en las leyes que regulan la ayuda externa, la condición de pedir certificación de que las fuerzas armadas Colombianas no participan en violaciones de derechos humanos en contra de los defensores de derechos humanos.

- Al certificar la ayuda externa a Colombia bajo la ley actual que la regula, el Departamento de Estado debe considerar el papel que las fuerzas armadas juegan en los procesos penales maliciosos en contra de defensores.

- El Departamento de Estado debe abolir la práctica de rechazar o anular visas a los defensores de derechos humanos Colombianos con base en procesos penales especiosos en su contra o señalamiento como terroristas por funcionarios públicos.

E. Injuria y calumnia penal

Dado que los crímenes de injuria y calumnia son particularmente susceptibles a abusos, son frecuentemente usados como herramientas para limitar el ejercicio de la libertad de expresión por parte de los defensores de derechos humanos. Mientras que denuncias civiles de tal carácter son legítimas, el Sistema Interamericano de Derechos Humanos ha declarado, repetitivamente, que la criminalización de injuria y calumnia viola los derechos protegidos en la Convención Americana sobre los Derechos Humanos.[170] En su sentencia más reciente que declaró que la ley argentina criminalizando calumnia viola la Convención, la Corte Interamericana de Derechos Humanos sostuvo que "la opinión no puede ser objeto de sanción, más aún cuando se trata de un juicio de valor sobre un acto

oficial de un funcionario público en el desempeño de su cargo."[171]

Hay un número creciente de normas internacionales que aclaran que los funcionarios públicos no deben ser beneficiarios de protecciones de escrutinio público. Sin embargo, frecuentemente se utilizan las leyes que criminalizan la injuria para formular cargos penales en contra de los defensores por haber cuestionado a funcionarios públicos y, por lo tanto, disuaden al control público de su trabajo. La CIDH ha resaltado, "En efecto, si se consideran las consecuencias de las sanciones penales y el efecto inevitablemente inhibidor que tienen para la libertad de expresión, la penalización de cualquier tipo de expresión sólo puede aplicarse en circunstancias excepcionales en las que exista una amenaza evidente y directa de violencia anárquica."[172] Otros países en la región han despenalizado los cargos de injuria y calumnia haciéndolos denunciables al nivel civil, y Colombia debe hacer lo mismo:[173]

- El Congreso Colombiano debe enmendar el Código Penal a fin de despenalizar los crímenes de injuria y calumnia.

IX. Anexo: Cuadro de casos individuales

	El acusado	Resumen del caso	Evidencia de infracciones en la investigación
1.	**Teófilo Acuña** Presidente de la Federación Agrominera del Sur de Bolívar (FEDEAGROMISBOL). Acuña trabaja a favor de comunidades que se oponen a empresas multinacionales de minería que pretenden extraer recursos naturales en sus tierras y ha denunciado presuntas violaciones de derechos humanos por parte del Batallón Nueva Granada.	El Fiscal 28 de Simití detuvo a Acuña y le acusó de rebelión el 26 de abril del 2007 en Santa Rosa, Sur de Bolívar. Estuvo detenido en la Cárcel Modelo de Bucaramanga por diez días.	Después de diez días detenido, Acuña fue liberado después de que la fiscalía admitiera que no tenía las pruebas suficientes para mantenerlo detenido de manera preventiva. La evidencia contra Acuña incluía el testimonio de testigos con poca credibilidad y un archivo de inteligencia preparado por el Batallón Nueva Granada, cuyo contenido se desconoce. El Batallón no es una fuente imparcial pues es el presunto responsable del asesinato del anterior presidente de FEDEAGROMISBOL, predecesor de Acuña y ha sido el objetivo de varias de sus denuncias de violaciones de derechos humanos. Además, el mismo batallón realizó el arresto de Acuña y presuntamente lo golpeó. Un fiscal que revisó el caso también encontró pruebas exculpatorias que debilitaron los testimonios de testigos reintegrados y cuestionó su credibilidad con base en el interés que tenía en beneficios, seguridad y protección del estado y del ejército.
2.	**Oscar Duque, Mario Martínez, Evaristo Mena, Ramiro Ortega, Miguel González y Andrés Gil** Miembros de la Junta Directiva de la Asociación Campesina del Valle del Río Cimitarra (ACVC), una organización comunitaria que aboga por el acceso a la tierra y el desarrollo de la economía local.	El 29 de septiembre del 2007, cuatro de los líderes de la ACVC (Duque, Martínez, Mena y Gil) fueron arrestados por el ejército en San Lorenzo, municipio de Cantagallo, y por la policía en Barrancabermeja. La Fiscalía 3ª en Bucaramanga les acusó de rebelión. Soldados del Batallón Calibío detuvieron a González y Ortega el 19 de enero del 2008. En mayo del 2008 todos fueron puestos en libertad, excepto González y Gil quienes siguen presos y cuyos juicios ya han comenzado. La Fiscalía de Medellín lidera el proceso penal en contra de Gil, y se esperan los resultados de estos casos a comienzos del 2009. El 29 de junio del 2008 se detuvo a Ortega de nuevo en un allanamiento y fue retenido por dos horas.	Este caso se basó principalmente en informes de inteligencia producidos por el ejército y el DAS que no eran legalmente admisibles como pruebas. La ACVC aduce que las autoridades abrieron una investigación sin notificar a los acusados, privándolos de su derecho a la defensa y en violación del derecho Colombiano. En abril del 2008, el Fiscal 37 de la Unidad de Derechos Humanos y Derecho Internacional de Medellín rechazó los cargos en contra de Duque, Martínez y Mena. El 19 de mayo Ortega también fue puesto en libertad. El fiscal determinó que no había evidencia suficiente para acusarles de rebelión, pues los informes de inteligencia no tenían valor probatorio sin la debida corroboración. También estableció que tener contacto con las FARC no significa automáticamente que una persona está involucrada en las actividades de ésta, dado que los civiles frecuentemente son sujetos a coerción violenta y se ven obligados de reunirse con la guerrilla. Por último, el fiscal encontró que las declaraciones de los testigos eran poco confiables e incoherentes y debían haber sido verificadas en la investigación preliminar. Sin embargo, el fiscal que revisó esos casos no archivó la investigación en contra de González y Gil y no especificó por qué eran culpables.

	El acusado	Resumen del caso	Evidencia de infracciones en la investigación
3.	**Carmelo Agamez** Secretario Técnico de la sección Sucre del Movimiento de Víctimas de Crimines del Estado (MOVICE). La Comisión Interamericana de Derechos Humanos (CIDH) le otorgó medidas cautelares.	El 13 de noviembre del 2008, cinco hombres vestidos de civil se identificaron como policías y allanaron la casa de Agamez. El 15 de noviembre del 2008 lo arrestaron y lo detuvieron. La Fiscalía en Sincelejo le acusó de concierto para de delinquir con grupos paramilitares, alegando que participó en una reunión con paramilitares en el 2002. Estuvo bajo custodia de la SIJIN por cinco días y desde entonces está preso en la cárcel La Vega.	Presuntamente, el allanamiento inicial en contra de Agamez se llevó a cabo sin orden judicial y por varios días no se le notificó de los cargos en su contra. La captura de Agamez sucedió poco después de que hizo una serie de denuncias públicas acerca de la corrupción de algunos funcionarios públicos. Presuntamente, las únicas pruebas aportadas por el fiscal son dos testimonios, uno de los cuales es el de la esposa de un alcalde recientemente acusado de corrupción después de que MOVICE organizara una audiencia pública. Agamez ha recibido muchas amenazas de grupos paramilitares y apareció en una "lista de muerte" de los paramilitares en 2006. Dada su contundente y pública oposición a grupos paramilitares es muy poco plausible que sea paramilitar.
4.	**Los defensores Araucanos** El grupo de los 18 defensores de derechos humanos, líderes de la sociedad civil, sindicalistas y organizadores comunitarias que fue detenido en Arauca e incluyó a José Vicente Murillo Tobo, Presidente del Comité de Derechos Humanos Joel Sierra en Arauca y a Alonso Campiño Bedoya, director de la Central Unitaria de Trabajadores (CUT) sección Arauca. La CIDH le había otorgado medidas cautelares tanto a Murillo como Campiño.	El 21 de agosto del 2003, Murillo y Campiño fueron detenidos junto con otros 35 defensores de derechos humanos, muchos de ellos campesinos pobres de Saravena, Arauca. El 24 de febrero el Fiscal Especial 12 de la Unidad Anti-Terrorista Nacional les acusó de rebelión a Murillo y a Campiño. El 14 de noviembre del 2006 el juzgado penal del circuito de Saravena en Bogotá declaró culpables a Murillo, a Campiño y a 17 más. La apelación de la sentencia ha estado frente al Tribunal Superior de Arauca por más de dos años.	Los defensores fueron presuntamente detenidos en un allanamiento violento realizada por el CTI, el DAS y otras autoridades gubernamentales. Un juez ordenó la detención preventiva de Murillo y Campiño, pero el fiscal tardó más de seis meses en formular cargos. Las pruebas recogidas en contra de Murillo y otros incluían declaraciones no corroboradas de testigos de poca credibilidad. Aparentemente, el fiscal y el ejército duraron siete meses entrenando a dos testigos y preparando sus declaraciones. El fiscal tiene su oficina en la Brigada 18 del Ejército Nacional, lo cual puede haber comprometido su independencia, especialmente dadas las fuertes críticas que ha formulado Murillo contra esa unidad.
5.	**Julio Avella** Coordinador del equipo de la Corporación para la Defensa y Promoción de los Derechos Humanos (REINICIAR) que investiga las violaciones de derechos humanos en contra del partido Unión Patriótica en Santander. También es director de la Asociación Nacional de Ayuda Solidaria (ANDAS) y de la Asamblea Permanente de la Sociedad Civil.	El 6 de diciembre del 2002, Avella fue detenido en Bucaramanga junto con otros seis de los acusados. El 3 de junio fue puesto en libertad después de que el Fiscal Rodrigo Rodríguez Barragán de la Unidad 26 de la Fiscalía en Bucaramanga descartó los cargos en su contra.	Este caso se basó en los testimonios de guerrilleros reintegrados y informes prejudiciales de inteligencia del CTI y del RIME. Al archivar el caso, el Fiscal Rodríguez estableció que las acusaciones fueron contradictorias, incoherentes, inconsistentes e ilógicas. El fiscal encontró que Avella había sido capturado solamente por su ideología izquierdista, sin evidencia alguna que demostrara rebelión u otro delito.

	El acusado	Resumen del caso	Evidencia de infracciones en la investigación
6.	**Mauricio Avilez Alvarez** Coordinador del Centro de Estudios y Desarrollo (CEDERNOS) y el representante del Equipo Coordinador de Derechos Humanos en Barranquilla de la ONG "Coordinación Colombia-Europa-Estados Unidos" (CCEEUU).	El 10 de junio del 2004, miembros del GAULA de la Segunda Brigada de la Primera División del Ejército lo detuvieron. El Fiscal 6° Especial de Barranquilla le acusó de ser un guerrillero miembro de las FARC. El 20 de octubre, 2004, el Fiscal Especial 4° del Corte Penal del Atlántico lo puso en libertad.	La fiscalía se basaba el caso en un solo testigo, aparentemente un ex-miembro de las FARC, quien se cree que ha participado en otros procesos penales en contra de defensores de derechos humanos alrededor de Colombia. Su participación en otros procedimientos desconectados cuestiona la veracidad de su testimonio. La credibilidad del testigo también se debilitó porque presuntamente el ejército admitió que solo ofreció su declaración a cambio de una pena menos severa. Se aduce que el fiscal no recibió el informe de inteligencia que fue el fundamento de la captura de Avilez ni emitió una orden de captura hasta después de haberlo detenido.
7.	**Nicolas Castrillón** Vicepresidente de la Asociación Campesina de Antioquia (ACA), y miembro del Colectivo por los Derechos Humanos, Semillas de Libertad (CODEHSEL).	El 14 de noviembre del 2005, la Policía Nacional detuvo a Castrillón y subsecuentemente el SIJIN le acusó de rebelión.	Después de haberlo interrogado el 18 de noviembre del 2005, el fiscal concluyó que Castrillón era inocente, ordenó que fuera puesto en libertad inmediatamente y archivó la investigación por la falta de pruebas. La investigación de Castrillón se realizó a la vez de la de Alejando Quiceno (véase más abajo).
8.	**Teresa de Jesús Cedeño Galindez** Abogada de defensa penal y antigua Presidenta del Comité Permanente de Derechos Humanos (CPDH) en Arauca.	El 30 de Julio del 2003, el CTI detuvo a Cedeño después de una emboscada. El Fiscal 287 le acusó de fraude procedimental y soborno. Los cargos de fraude se desecharon poco después.	Aparentemente, la detención de Cedeño fue preventiva y motivada por los cargos de soborno, en violación del Código Penal. Presuntamente fue detenida por tres días sin acceso a sus abogados. Las pruebas en su contra fueron los testimonios de informantes reintegrados, y la defensa puso en duda la credibilidad de un testigo que había sido citado por testimonio falso antes, y que había participado en siete procesos penales realizados por la misma fiscalía. El mismo testigo mal nombró datos como las fechas y los nombres y no hubo corroboración del testimonio. Los medios de comunicación recibieron un video o de la fiscalía o del CTI que pretendió incriminar públicamente a Cedeño. También se utilizó informes militares de inteligencia.
9.	**Iván Cepeda** Vocero del Movimiento de Víctimas de Crímenes del Estado (MOVICE). Recibió el Premio Medalla de la Libertad Roger Baldwin en 2007 por Human Rights First. La CIDH le ha otorgado medidas cautelares a Cepeda quien también recibe protección del programa del Ministerio del Interior y Justicia.	El 5° Delegado de la Fiscalía en Sincelejo, Sucre le acusó de injuria y calumnia después de que José María Conde Romero, un congresista de Sucre de la Camera de Representantes, lo denunciara.	La denuncia en contra de Cepeda se realizó después de haber dado un discurso público en San Onofre, Sucre, el 27 de noviembre, 2006, en el que expresó su opinión sobre los presuntos vínculos entre el Congresista Conde y los grupos paramilitares. El Fiscal General determinó una falta de imparcialidad en la investigación inicial en Sucre y reasignó el caso a un fiscal en Bogotá

	El acusado	Resumen del caso	Evidencia de infracciones en la investigación
10.	**Juan Carlos Celis González** Miembro del Movimiento por la Vida en Bogotá.	Se detuvo a Celis el 11 de Diciembre del 2002, pero no le acusaron de un delito hasta casi un año después, el 27 de noviembre del 2003. El Fiscal Especial 13 de la Unidad Anti Terrorismo en Bogotá le acusó de rebelión y del porte ilegal de armas. Lo mantuvieron en detención preventiva por más de dos años en una cárcel de máxima seguridad, lejos de su abogado en Bogotá.	Supuestamente, el fiscal equiparó el trabajo de González de defensa de los derechos humanos con el accionar en apoyo de las FARC. Las pruebas principales que fundamentaron los cargos fueron declaraciones de testigos que, desde luego, afirmaron que solo dieron tales testimonios porque la policía les torturó. Celis también denunció que la policía, quien realizó la detención, lo golpeó. Parece que nunca se emitió una orden para su captura.
11.	**Luz Perly Córdoba Mosquera** Presidenta de la Asociación Campesina de Arauca (ACA). Fue beneficiaria de medidas de protección del programa del Ministerio del Interior y Justicia después de recibir amenazas en contra de su vida; a partir del 2002 la CIDH le otorgó medidas cautelares. También fue gerente de la oficina de derechos humanos de la Federación Nacional Sindical Unitaria Agropecuaria (FENSAUGRO).	El 18 de febrero del 2004, miembros del DAS capturaron a Córdoba en Arauca. Casi seis meses después un fiscal le acusó de rebelión y tráfico de drogas, cargos que la 1ª Corte Criminal del Circuito Especial de Arauca desechó el 15 de marzo del 2005.	Presuntamente, el DAS alegó que la ACA era un brazo político de las FARC y que el trabajo de Córdoba a favor de los derechos humanos era una fachada para terrorismo y rebelión. El fiscal también sugirió que el trabajo de defensa de los derechos humanos es parte de la campaña de las FARC de desprestigiar a Colombia. Parece que se mostraron fotos de Córdoba a los testigos, lo que viola los procedimientos de identificación. Se alega que se detuviera al abogado de Córdoba después de que le visitó en la cárcel. Al aparecer, muchos de los testigos tienen extensos pasados judiciales y habían dado declaraciones contradictorias, pero el fiscal no intentó indagar más para probar su verosimilitud.
12.	**Alfredo Correa de Andreis** Sociólogo y profesor de la Universidad del Magdalena, la Universidad de Pavia, Italia y la Universidad del Atlántico. Cuando murió estuvo en el proceso de investigar los procesos de desplazamiento y sus efectos sobre los derechos a la tierra y a la propiedad.	El 17 de junio del 2004 fue capturado por el DAS de Bolívar, con apoyo del DAS de Barranquilla, Atlántico. El Fiscal 33 de Cartagena le acusó de rebelión y pertenencia a las FARC.	El caso dependía de un testigo reintegrado de la guerrilla. Se liberó a Correa en julio del 2004 después de que un juez había encontrado que no hubo pruebas en su contra. Poco después, el 17 de septiembre del 2004, fue asesinado por paramilitares. En abril del 2006, un funcionario de alto rango del DAS informó que el DAS había dado una lista de muerte a los paramilitares que incluía a Correa.
13.	**Claudia Julieta Duque** Periodista investigativa que trabaja sobre temas de violaciones de derechos humanos. Trabajó con el Colectivo de Abogados José Alvear Restrepo en la investigación de crímenes.	La Fiscalía 64 de Bogotá le acusó de injuria y calumnia después de que Emiro Rojas, un antiguo Director del DAS en Antioquia, la denunciara.	El caso todavía no ha pasado a un juicio. Duque realizó una investigación innovadora en el caso del asesinato de otro periodista, Jaime Garzón, y acusó a Rojas de irregularidades en su investigación de ese caso. Al parecer, los cargos de calumnia fueron una respuesta directa a su investigación y retaliación por su denuncia de presuntas violaciones de derechos humanos. Por lo tanto, limitan su derecho a la libre expresión.

	El acusado	Resumen del caso	Evidencia de infracciones en la investigación
14.	**Jesús Javier Dorado Rosero** Director del Comité Permanente por los Derechos Humanos (CPDH) en Nariño.	El 26 de mayo del 2005, El Fiscal Especial 2 de Pasto detuvo a Dorado, quien fue privado de su libertad por cuatro meses. Después de que la Fiscalía General investigó el caso, lo liberaron. Poco después, agentes del DAS lo detuvieron de nuevo el 13 de febrero del 2007.	Un fiscal que revisó el caso y luego la Fiscalía General declaró que la investigación estaba sin fundamento. La CIDH y el Ministerio del Interior y Justicia le otorgaron medidas cautelares a Dorado. El CPDH dijo que la investigación fue motivado políticamente.
15.	**Diego Figueroa** Miembro de la Comisión Inter-eclesial de Justicia y Paz (CIJP) y un agrónomo que dirigió talleres sobre nutrición y ayudó con la distribución de comida a comunidades rurales en situación de pobreza.	El 28 de noviembre del 2005, Figueroa fue capturado y poco después puesto en libertad. De nuevo, el 14 de diciembre del 2005, la Fiscalía 42 de Buenaventura emitió una orden para su captura con cargos de rebelión en su contra. El 20 de junio del 2006 se cerró la investigación.	El CIJP denunció que su primera detención en noviembre del 2005 se realizó sin una orden de captura y que Figueroa fue abusado por la policía y fue negado después el acceso a su abogado. La información que se utilizó después como pruebas de los cargos de rebelión apareció en los informes que se realizaron durante su detención en noviembre del 2005 y se complementó con declaraciones de testigos reintegrados que no pudieron identificar a Figueroa. El 20 de junio del 2006, el Fiscal 38 de Buenaventura desechó la investigación, y declaró que los testimonios de los testigos reintegrados fueron fallidos y no mostraron la participación de Figueroa en delitos.
16.	**Elizabeth Gómez y Luz Marina Arroyabe** Miembros de la Comisión Inter-eclesial de Justicia y Paz (CIJP) que trabajan con Comunidades Humanitarias en Curvaradó y Jiguimandó apoyando sus reclamos por sus tierras de las cuales han sido ilegalmente despojados.	El Inspector de la Policía en Riosucio detuvo preventivamente a Gómez y Arroyabe el 17 de mayo del 2008, con cargos de asociación violenta y el intento de una asonada. El 18 de mayo, el Fiscal 15 de Riosucio, Chocó desechó los cargos y las liberó.	Al investigar los cargos en contra de Gómez y Arroyabe, el Fiscal 15 de Riosucio declaró que hubo fundamento insuficiente para una detención preventiva y las liberó. En la captura, no les informó de los cargos en su contra y presuntamente les pidieron firmar documentos sin la presencia de un abogado. Se informa que el abogado de su defensa no tuvo acceso a sus archivos, un hecho que potencialmente viola su derecho a una defensa (artículos 8 y 13 del Código de Procedimiento Penal).
17.	**Príncipe Gabriel González Arango** Coordinador Regional del Comité de Solidaridad con Presos Políticos (CSPP) en Santander y líder estudiantil de la Universidad Industrial de Santander (UIS). Antiguo Secretario de Derechos Humanos de La Federación Nacional Estudiantil.	Después de haber sido capturado en Pamplona, Santander, González fue encarcelado en la Cárcel Modelo de Bucaramanga desde el 4 de enero del 2006 al 4 de abril del 2007. La 21ª División de la Fiscalía en Bucaramanga le acusó de rebelión. El Juez José Alberto Pabón Ordoñez de la 8ª Corte Circuito en Bucaramanga desechó los cargos el 30 de marzo del 2007, una sentencia que, desde luego, el fiscal y el procurador judicial han apelado resultando en que después de dos años, el caso sigue abierto.	El Juez Pabón declaró que los cargos en contra de González no tenían fundamento y se basaban en pruebas que faltaban imparcialidad y credibilidad. El juez reconoció que se había manipulado el sistema penal y desechó las declaraciones de los testigos. El único otro testigo le dijo a CSPP que había dado sus declaraciones bajo coacción de la policía y el CTI en Bucaramanga, quienes, desde luego, lo presionaron para que diera más evidencia en contra de González. Además, la fiscalía supuesta-mente publicó fotos de González a los medios de comunicación principales como un alegado miembro de la guerrilla antes de que los testigos lo hubieran identificado en una rueda de sospecho-sos, lo que debilita la credibilidad de su subsecuente identificación positiva. El juez también declaró que el fiscal tenía una actitud discriminatoria frente a los defensores de derechos humanos en general y pudo haber inventado elementos del proceso penal.

	El acusado	Resumen del caso	Evidencia de infracciones en la investigación
18.	**Hernando Hernández** Líder indígena, miembro del Comité Permanente para la Defensa de los Derechos Humanos de Caldas y miembro de FENSUAGRO. La Corte de Derechos Humanos y Asilo en España le otorgó medidas preventivas.	El 1 de junio del 2005, el DAS detuvo a Hernández, y, desde entonces, lo transfirió a Manizales. Se le acusaron de rebelión pero la Unidad Anti- Terrorismo de la Fiscalía General lo liberó el 28 de noviembre del 2005.	Los agentes del DAS presuntamente negaron tener a Hernández en custodia hasta que se presentó una petición de *habeas corpus*. Desde luego, la Fiscalía 7ª de Manizales emitió una orden por medidas de detención preventiva. Se dio información de su captura a los medios de comunicación locales y se publicó un artículo que le acusó de ser miembro de las FARC, efectivamente señalándolo públicamente. Después de seis meses, la Unidad Anti Terrorismo de la Fiscalía General cerró la investigación por falta de pruebas suficientes.
19.	**Víctor Julio Laguado Boada** Líder campesino en Arauca que ha trabajado desde varios puestos de liderazgo en la cooperativa agraria, COAGROSARARE.	La Unidad Anti- Terrorismo Nacional le acusó de rebelión en octubre del 2006. Después de que transfirieron el caso a Bogotá, fue pronunciado ausente del proceso penal el 12 de febrero del 2007. En mayo del 2007 lo detuvieron preventivamente.	El caso dependía de las declaraciones de dos testigos reintegrados y dos informes de inteligencia de la Policía Nacional de Arauca. El Fiscal se apoyó de una manera significativa en los informes de inteligencia. Además, la independencia del fiscal se limitó pues su oficina reside en la Brigada 18 del Ejército Nacional. Las declaraciones que los dos testigos reintegrados dieron fueron inconsistentes, contradictorias y, al parecer, copiadas de los informes de inteligencia que fueron escritos mucho antes de las declaraciones. Se realizó la detención de Laguado en medio de una coyuntura de detenciones extensivas en Arauca.
20.	**Aldemar Lozano** Líder comunitario de la Comisión Intereclesial de Justicia y Paz (CIJP) y antiguo presidente del Consejo Comunitario de Puerto Esperanza.	El 24 de noviembre del 2007, unos miembros de la DIJIN detuvieron a Lozano en Mosquera, Bogotá; un juez en Madrid, Cundinamarca lo liberó después de un juicio oral.	Se alega que Lozano fue detenido sin ser informado de sus derechos ni los cargos en su contra. Desde entonces, le acusaron de haber traficado en materiales ilegales. Un juez declaró su captura ilegal después de encontrar que la evidencia fue irrelevante y que la defensa había mostrado su inocencia.
21.	**Nieves Mayuza** Miembro de la Federación Nacional Sindical Unitaria Agropecuaria (FENSAUGRO). **Carmen Mayuza** Líder regional de la Asociación Nacional de Trabajadores Hospitalarios de Colombia (ANTHOC).	Se las capturaron a ambas hermanas el 11 de mayo del 2006 bajo cargos de rebelión y acusaciones de pertenecer al Frente 53 de las FARC. Fueron puestas en libertad en junio del 2008.	El 18 de junio del 2008 el Juez Arrieta de la corte 53 del Circuito Penal de Bogotá les declaró inocentes de todos los cargos (junto con Fanny Perdomo Hite, véase abajo). El juez Arrieta sostuvo que la investigación fue demasiado subjetiva e ignoró claras pruebas exculpatorias; la evidencia no tenía fundamento; y que el GAULA no tuvo la capacidad para poder investigar este caso. Además, un inspector judicial, Nanclares Arango, encontró que los requisitos mínimos de substancia para poder formular cargos no fueron cumplidos y que pruebas substanciales de responsabilidad, no "meras sospechas," son necesarias.
22.	**Alfredo Molano** Escritor investigativo, sociólogo y periodista con el periódico *El Espectador*	La Fiscalía General le acusó de injuria y calumnia frente a la 4ª Corte Penal Municipal de Bogotá.	La familia Araujo de Valledupar tuteló a Molano por injuria y calumnia por haber publicado el articulo "Araujos et. al." en *El Espectador* el 24 de febrero, 2007. Molano expresó su opinión crítica frente a los alegatos de actividades corruptas en contra de la comunidad de Valledupar. Si lo encuentran culpable de estos crímenes, es posible que Molano sea detenido.

	El acusado	Resumen del caso	Evidencia de infracciones en la investigación
23.	**Claudia Montoya** Abogada que trabaja con la Red Juvenil de Medellín representando a jóvenes que son detenidos ilegalmente y abusados por funcionarios públicos.	La antigua Procuradora General Departamental en el Valle de Aburra, Adriana Cecillia Martínez, empezó el proceso penal en contra de Montoya, pero se lo desechó el 8 de julio del 2005. El 18 de octubre del 2006, miembros del CTI y de la policía capturaron a Montoya bajo cargos de rebelión. Fue detenida preventivamente hasta que un fiscal que revisó el caso declaró la detención ilegal en diciembre del 2006. Sin embargo, Montoya siguió con detención domiciliaria hasta que la investigación en su contra fue desechada el 9 de febrero del 2007, después de casi cuatro meses de detención.	Al revocar la orden de captura de Montoya, un fiscal declaró que las declaraciones de los testigos fueron vagas y se basaban en información indirecta. Los testigos no pudieron describir ni identificar a Montoya con certeza como la presunta guerrillera nombrada en un informe de inteligencia del CTI y faltó información suficiente o pruebas de soporte para poder acusar a Montoya. Ese fiscal también declaró que los cargos penales en contra de los defensores de derechos humanos deben ser revisados con cuidado porque frecuentemente son falsos. Además, el fiscal que revisó el caso dijo que el fiscal inicial había guiado las declaraciones de los testigos cuando nombró a Montoya antes de que ellos la hubieran identificado. Algunas de las declaraciones tuvieron casi el mismo orden de palabras, lo que sugiere interferencia y preparación por el fiscal inicial. El fiscal inicial tampoco cumplió con su responsabilidad de investigar pruebas exculpatorias, como, por ejemplo, el hecho que una universidad corroboró la asistencia de Montoya.
24.	**Amaury Padilla** Trabaja Con la Asociación de Promoción Social Alternativa (MINGA) en Bogotá. En el momento de su captura, fue el director de la oficina del Gobernador de Bolívar y trabajó de cerca con la ONU y ONGs con un alto perfil en el movimiento de derechos humanos.	El 26 de diciembre del 2004 se detuvo a Padilla y la Fiscalía 39 seccional de Cartagena profirió resolución de acusación por rebelión. Fue detenido hasta el 4 de julio del 2004 cuando la Fiscalía General de la Nación archivó la investigación.	Cuatro de los cinco testigos que ofrecieron declaraciones en contra de Padilla fueron guerrilleros reintegrados. El Fiscal General declaró que la fiscalía no había corroborado las declaraciones ni investigado pruebas exculpatorias. Además, declaró que los testimonios fueron inconsistentes, contradictorios y faltaban credibilidad. El Fiscal General concluyó que algunos de los testigos habían sido preparados pues sus declaraciones fueron idénticas. También hubo irregularidades en el procedimiento de recibir las declaraciones como el uso de transcripciones en vez de interrogaciones cara a cara. Además, el procedimiento de identificación por fotos fue sugestivo y fallado.
25.	**Rafael Palencia** Profesor de derechos humanos y fundador del Comité Permanente de Derechos humanos (CPDH) en Bolívar, Palencia aboga por presos políticos y coordina capacitaciones y talleres sobre la Corte Internacional Penal con la Federación Internacional de Derechos Humanos.	Después de su detención el 19 de febrero del 2003 en Cartagena, se le acusaron de rebelión. Estuvo detenido por 14 meses hasta que se lo liberaron por falta de pruebas. El 20 de noviembre del 2006 el DAS allanó su casa como respuesta a la orden de la Fiscal 5ª de la Unidad de Respuesta Inmediata en Barranquilla.	El proceso penal en contra de Palencia se basaba principalmente en acusaciones de un testigo que vivía en una zona controlada por grupos paramilitares cuya objetividad se cuestionó. La investigación coincidió con la publicación de un informe de inteligencia que supuestamente nombró a Palencia y otros como abogados de las FARC. Después de su detención inicial, Palencia se mudó a Bogotá motivado por miedo por su seguridad. Palencia dijo que empezando en julio del 2006, su casa fue vigilada por agentes del estado y que fue detenido brevemente el 9 de julio del 2006, lo que le motivó de mudarse otra vez. En el allanamiento de noviembre, 2006, el DAS incautó documentos y computadores de Palencia. El Relator Especial por los Defensores de Derechos Humanos de la ONU expresó la preocupación de que la detención de Palencia estuviera relacionada con su trabajo en defensa de los Derechos Humanos.

	El acusado	Resumen del caso	Evidencia de infracciones en la investigación
26.	**Fanny Perdomo Hite** Miembro de la Comunidad Ciudadana por la Vida y la Paz, un grupo de ciudadanos en situación de desplazamiento que están reclamando su tierra sin intervención de miembros de los grupos armados.	Se capturó a Perdomo el 11 de mayo del 2006 con base en las sospechas de secuestro y rebelión. La fiscalía desechó rápidamente los cargos de secuestro, pero el Fiscal 9º de la Unidad Contra Secuestro y Extorción en Bogotá siguió con el proceso penal por rebelión. Sin embargo, el 18 de junio del 2008 un juez de la 53ª Corte Penal de Bogotá la encontró inocente de los cargos.	Se detuvo a Perdomo después de que el GAULA pinchó su teléfono para empezar una investigación de secuestro. En junio del 2008 el Juez Arrieta encontró a Perdomo inocente. Declaró que las pruebas en su contra fueron insuficientes y que Perdomo sólo había dado regalos personales a su hermana que no es un delito. Además, el juez cuestionó la credibilidad y capacidad del autor del informe de inteligencia del GAULA tanto como la credibilidad del informe de inteligencia militar que fue el fundamento de la sentencia de la hermana de Perdomo. Finalmente, el juez declaró que hubo pruebas exculpatorias y mostró que no se había superado la presunción de inocencia.
27.	**Elkin de Jesús Ramírez** Abogado en temas de derechos humanos con la Corporación Jurídica Libertad (CJL) y profesor de la Universidad de Antioquia en Medellín.	El 29 de noviembre del 2006, el Fiscal 74 de la Fiscalía de Antioquia emitió una orden de captura por rebelión en contra de Ramírez, pero se alega que lo rescindió antes de que lo ejecutara. Un fiscal que revisó el caso desechó la investigación de rebelión en 2008. Más antes, se formuló un caso de calumnia penal por un coronel del Brigada 17 del ejército en 2005, pero también fue desechado porque no se encontró ninguna prueba de un delito penal.	La fiscalía no notificó a Ramírez de la investigación en su contra hasta su detención y funcionarios judiciales negaron la existencia de una investigación en reuniones con el Alto Comisionado de la ONU. de Derechos Humanos. Un fiscal que revisó el caso desechó los cargos de rebelión después de encontrar que las declaraciones en contra de Ramírez fueron incoherentes, irracionales, ilógicas, contradictorias y vagas. Según ese mismo fiscal, los testigos usaron frases parecidas en sus declaraciones, lo que puede indicar que fueron preparados. También encontró que los documentos y las conversaciones telefónicas grabadas que se utilizaron como pruebas en contra de Ramírez fueron irrelevantes y no probaron una relación con las FARC. El fiscal inicial no indagó la evidencia exculpatoria como testimonios de profesores de la Universidad de Antioquia. El fiscal también declaró que los testigos reintegrados pudieron haber dado declaraciones sesgadas en contra de Ramírez con el fin de obtener beneficios económicos del gobierno.
28.	**Alejandro Quiceno** Activista de derechos humanos de Medellín con la Fundación de Derechos Humanos Sumapaz, El Colectivo de Derechos Humanos Semillas de Libertad y la Corporación Jurídica Libertad (CJL).	Después de que el Fiscal Especial 5º de Medellín le acusó de rebelión, Quiceno fue detenido el 30 de Marzo del 2005, y quedó detenido por más de tres meses a pesar de una aplicación para ser puesto en libertad bajo confianza que presuntamente cumplió con todas los requisitos estatutarios. Posteriormente fue pasado a detención domiciliaria y el 19 de septiembre del 2005, el Fiscal 153 de Medellín declaró su detención sin fundamento y ordenó que se lo liberara.	Al revisar el caso, el Fiscal 153 de Medellín declaró que las declaraciones de testigos reintegrados fueron poco confiables porque solo buscaban los beneficios del gobierno. Declaró que Quiceno participaba en trabajo legítimo en defensa de los derechos humanos que es legal y diferente a actividades de rebelión. El fiscal también sostuvo que el límite de seis meses para una investigación previa fue violado.

	El acusado	Resumen del caso	Evidencia de infracciones en la investigación
29.	**Martin Sandoval** Presidente del Comité Permanente de Derechos Humanos en Arauca (CPDH). Sandoval fue detenido con 15 otros lideres sociales y sindicales incluyendo a: Guillermo Díaz, Adán José Castellanos, Alberto Vanegas, Olegario Araque, Santiago Gómez, Gonzalo Losada, Carlos Botero, José Santos Ortiz, José Vicente León, Samuel Guillen, y Joaquín Vanegas.	El 4 de noviembre del 2008, una operación del CTI, el DAS y la Policía Nacional detuvo al grupo. La Fiscal Ruth Tovar Merchán de la Fiscalía Especial 1ª de la Unidad de Cúcuta y Arauca presuntamente autorizó la detención, acusando a los defensores de rebelión. El 5 de noviembre, la Brigada 18 del Ejército los transfirió a Arauquita.	Al parecer, la detención de Sandoval está relacionada con su trabajo en defensa de los derechos humanos. Él ha criticado la historia de violaciones de derechos humanos del gobierno en Arauca, particularmente en temas de detención, desplazamiento forzado y ejecuciones extrajudiciales. Anteriormente Sandoval había sido detenido por la Policía Nacional y el ejército, presuntamente motivado por su trabajo a favor de los derechos humanos. El 31 de julio del 2008, Sandoval y unos miembros del sindicato SINTRAOVA denunciaron públicamente la persecución en su contra en una audiencia organizada por la Comisión de Derechos Humanos de la Camera de Representantes. El 23 de octubre, en Arauca, la Brigada 5 del Ejército Nacional detuvo a diez campesinos afiliados con la Asociación Campesina de Arauca. Ese mismo día, el CPDH y otras ONGs en Arauca recibieron amenazas de muerte en un correo electrónico supuestamente de paramilitares.
30.	**Diana Teresa Sierra** Abogada de derechos humanos de Humanidad Vigente, una organización que representa y apoya a víctimas de violaciones de derechos humanos en zonas rurales como Arauca y el Magdalena Medio. Anteriormente Sierra trabajó como abogada con la Comisión Intereclesial de Justicia y Paz (CIJP), representando otros defensores acusados de rebelión tal como Fanny Perdomo (véase arriba).	El 20 de noviembre del 2007 el Fiscal 32 de Medellín emitió una denuncia disciplinaria en contra de Sierra al Consejo Judicial Regional de Antioquia.	La Fiscal Gloria Inés Salazar alegó que Sierra se había portado imprudentemente, con mala fe y falta de respeto por su autoridad. El 31 de julio del 2008, el Tribunal Disciplinario de Antioquia terminó la investigación, desechando la denuncia. El juez Hernández Quiñónez declaró que Sierra no había obstruido la administración de justicia y que la denuncia había desperdiciado el tiempo de la corte: "en las actuaciones de la togada de ninguna manera se puede colegir una obstrucción a la administración de justicia, siendo debatibles todos los asuntos puestos en conocimiento por la funcionaria judicial, siendo lamentable el desgaste de la administración de justicia con quejas como la que nos ocupa razón."
31.	**Luis Torres** Antiguo Presidente de la Asociación de Desplazados del Salado, Bolívar (ASODESBOL).	El 26 de mayo del 2005, el CTI de Cartagena detuvo a Torres bajo acusaciones de rebelión y pertenencia a las FARC. El Fiscal 36 Ricardo Carriazo Zapata lo liberó el 8 de junio del 2005.	La única prueba en su contra fue la declaración de un testigo reintegrado que adujo que Torres había dado información a la guerrilla que resultó en el asesinato de dos personas. Sin embargo, una de las personas que presuntamente murió apareció como testigo. La Fiscalía de Cartagena decidió que era necesario cambiar el fiscal a cargo del caso. El fiscal Carriazo de la Unidad Especializada de Rebelión en Cartagena declaró que no hubo suficiente evidencia para una detención preventiva.

	El acusado	Resumen del caso	Evidencia de infracciones en la investigación
32.	**Héctor Hugo Torres** Presidente de La Comisión de Derechos Humanos y el Derecho Internacional Humanitario del Bajo Ariari.	El Fiscal Especializado 1° de Villavicencio, Miguel Farid Polanía Martínez, le acusó de rebelión y asociación para cometer un delito, y fue detenido por agentes de la SIJIN el 26 de diciembre del 2007 en Bosa, Bogotá. El 27 de diciembre, la 6ª Corete Penal Municipal en Villavicencio declaró la detención ilegal y lo liberó.	El caso se basó en las declaraciones de testigos reintegrados. La Juez Luz Yolanda Sierra de Vargas declaró que se habían preparado a los testigos y que la preparación de declaraciones es una práctica común en diversos procedimientos judiciales usada para incriminar a civiles inocentes. Dijo que estos "testigos profesionales" viven en conjuntos militares y reciben beneficios económicos y judiciales a cambio de sus declaraciones. La juez también declaró que los derechos a una defensa y el debido proceso de Torres fueron violados. Torres dijo que fue perseguido por dos días después de haber sido liberado, lo que interpretó como intimidación.

X. Las notas a pie de página

[1] El 29 de octubre 2004, la Comisión Interamericana de Derechos Humanos otorgó medidas cautelares a favor de Francisco Ramirez. Solamente se otorga medidas cautelares para proteger la vida y integridad de uno "En caso de gravedad y urgencia y ... para evitar daños irreparables a las personas." (Artículo 25, Reglamento De La Comisión Interamericana De Derechos Humanos (Aprobado por la Comisión en su 132° período ordinario de sesiones, celebrado del 17 al 25 de julio de 2008) http://www.cidh.org/Basicos/Basicos10.htm). La CIDH lo describió como un "abogado destacado por su labor de investigación y defensa de los derechos de trabajadores y comunidades indígenas, campesinas y afro colombianas." (CIDH, *Medidas Cautelares otorgadas por la CIDH durante el año 2004* (29 de octubre 2004), disponible a http://www.cidh.org/medidas/2004.sp.htm

[2] Caso de Claudia Montoya, Fiscalía Tercera Medellín Hernando Betancur, *Resolución de Recurso de Apelación* (Medellín, Tribunal Superior de Antioquia, 6 de diciembre 2005), p. 5.

[3] Hina Jilani, *Informe De La Misión A Colombia De La Representante Especial Del Secretario General Sobre La Cuestión De Los Defensores De Los Derechos Humanos* (Nueva York, Naciones Unidas, abril 2002), U.N. Doc: E/CN.4/2002/106/Add.2. 24., p. 24-25.

[4] Luis Camilo Osorio Isaza, Fiscal General, *Resolución No 0-1678*, (3 de mayo 2005).

[5] Human Rights First entrevista con Guillermo Mendoza, el vicefiscal general de Colombia , Bogotá, 7 de noviembre 2007.

[6] Human Rights First entrevista con Danilo Rueda, Director, Comisión Íntereclesial de Justicia y Paz, 21 de noviembre 2008.

[7] Organización de los Estados Americanas, *Décimo Informe Del Secretario General Al Consejo Permanente Sobre La Misión Mapp/Oea*, OEA/Ser.G CP/doc. 4249/07 (31 de octubre 2007); International Crisis Group, *Los nuevos grupos armados de Colombia* (10 de mayo 2007), Informe sobre América Latina N° 20.

[8] Para una descripción más detallada de defensores de derechos humanos, véase Oficina de Alto Comisionado para los Derechos Humanos de las Naciones Unidas, *Los Defensores de Los Derechos Humanos: Protección del Derecho de Defender los Derechos Humanos*, Folleto Informativo N° 29 (Ginebra: Naciones Unidas, 2004), pp. 2- 8.

[9] FIDH y OMCT: El Observatorio para la protección de los defensores de derechos humanos, *Colombia Las Tinieblas de la Impunidad: Muerte y Persecución a los Defensores de Derechos Humanos* (noviembre 2006); Véase también Asamblea Permanente de la Sociedad Civil por la Paz et al, *Informe para el Examen Periódico Universal de Colombia* (julio 2008), p. 8.

[10] Código Penal Colombiano, Ley 599 de 2000, Diario Oficial No 44.097 (24 de julio 2000).

[11]Véase por ejemplo Human Rights First, Front Line, FIDH y OMCT, *Presentación conjunta para el examen periódico universal: Colombia* (18 de julio 2008) http://www.humanrightsfirst.org/pdf/080902-HRD-colombia-upr-span.pdf; Véase también Brigadas de Paz Internacional, *Colombia: Quarterly Newsletter*, AFRO Editores e Impresoras Ltda. (Colombia, N° 6, Marzo 2008).

[12] El Centro de Política Internacional, *Cuando detención arbitraria se convierte en pena de muerte* (17 de octubre 2004), disponible a http://www.ciponline.org/colombia/blog/archives/000013.htm. La hermana de Correa informó al periódico El Espectador que "No mataron a Alfredo el viernes. De hecho lo mataron cuando lo detuvieron. Ese día fue cuando le pusieron la lápida encima." Véase también El Centro de Política Internacional, *Los escándalos de DAS*, (13 de abril 2006), disponible a http://www.ciponline.org/colombia/blog/archives/000242.htm

[13] Por ejemplo véase Human Rights First, *Perdiendo terreno: Defensores de derechos humanos y contraterrorismo en Tailandia* (2006); Human Rights First, *Reformas y resistencia: Defensores de derechos humanos y contraterrorismo en Indonesia* (2005); Human Rights, First, *La Guerra de Karimov: Defensores de derechos humanos y contraterrorismo en Uzbekistan* (2005); Human Rights First, *Los nuevos disidentes: Defensores de derechos humanos y contraterrorismo en Rusa* (2005).

[14] Comisión Colombiana de Juristas, "Comunidad universitaria sometida a absurda inquisición," *Comunicado de prensa*, 12 de noviembre 2008. La orden fue mandada el 10 de noviembre de 2008 por Fiscal Jorge Iván Piedrahita Montoya, perteneciente a la unidad antiterrorista de la Fiscalía General de la Nación, y aplica a las universidades siguientes: Distrital, Pedagogica, Libre, Universidad Nacional, y Servicio Nacional de Aprendizaje (SENA).

[15] Human Rights First et al, *Carta al Fiscal General* (18 de diciembre 2008), disponible a http://www.humanrightsfirst.org/pdf/081219-HRD-intercept-ltr-iguaran.pdf

[16] David Campuzano, "Clara Lopez Obregon fue 'Chuzada' por la Fiscalia", *El Espectador* (27 de noviembre 2008).

[17] Human Rights First, *Exiga un fin a la judicialización de activistas colombianos* (15 de octubre 2008), disponible a http://www.humanrightsfirst.org/pdf/HRD-081024-giraldo-petition-esp-no-sig.pdf .

[18] En 2003, la Comisión Interamericana de Derecho Humanos (CIDH) otorgó medidas cautelares de parte de la organización, resultando que "han sido objeto de amenazas, seguimientos, señalamientos, retenciones y allanamiento en forma constante desde 1997 y en forma más intensa desde el primer semestre de 2003 como parte de un patrón orientado a impedir u obstaculizar su trabajo en defensa de los derechos humanos en las regiones del país donde acompañan a comunidades especialmente vulnerables." (CIDH, *Medidas Cautelares otorgadas por la CIDH durante el año 2003*, 8 de septiembre 2003).

[19] Para más información vaya al el sitio de web del Programa de Protección: http://www.mininteriorjusticia.gov.co/pagina1.asp?doc=152

[20] Véase Human Rights First, *Defensores de Derechos Humanos Colombianos en Peligro: Análisis de Investigaciones Penales Infundadas contra Defensores de Derechos Humanos* (Nueva York, octubre 2007), disponible a http://www.humanrightsfirst.info/pdf/071022-hrd-chrd-danger-esp.pdf , p 3.

[21] Ibid.

[22] Human Rights First, Front Line, FIDH y OMCT, *Presentación conjunta para el examen periódico universal: Colombia* (18 de julio 2008), disponible a http://www.humanrightsfirst.org/pdf/080902-HRD-colombia-upr-span.pdf; Human Rights First, *Petición en Contra de la Detención Arbitraria de los Defensores de Derechos Humanos* (6 de febrero 2008), disponible a http://www.humanrightsfirst.info/pdf/08207-hrd-torresh-pet-span-pub.pdf ; Human Rights First, *Retire los cargos infundados contra defensor de derechos humanos colombiano* (1 de junio 2007), disponible a http://www.humanrightsfirst.info/pdf/07813-hrd-ivan-petition-span-public.pdf ; Human Rights First, *Exiga la liberación de defensores de derechos humanos colombianos* (17 de enero 2007), disponible a http://www.humanrightsfirst.info/pdf/07509-hrd-span-dan-gonzalez-apr18.pdf y http://www.humanrightsfirst.info/pdf/07509-hrd-span-dan-gonzalez.pdf ; Human Rights First, *Detención del defensor de derechos humanos el Sr. Carmelo Agamez en Sincelejo* (2 de diciembre 2008), disponible a http://www.humanrightsfirst.org/pdf/081211-HRD-agamez-pet-esp-no-sig.pdf .

[23] Human Rights First entrevistas con el Vicepresidente, el Presidente de la Corte Suprema, el Asesor Presidencial para Derechos Humanos, el Vicefiscal, el Vicepresidente de la Comisión de Derechos Humanos del Senado, y otros funcionarios de alto nivel del Ministerio del Interior y Justicia, el Defensor del Pueblo, el Procuraduría, la Oficina del Alto Comisionado para Derechos Humanos (OACDH), y la embajada de EE.UU. (5 de noviembre a 13 de noviembre 2007).

[24] Human Rights First entrevista con Guillermo Mendoza , Vicefiscal, Sandra Castro Ospina, Jefe de la unidad de Derechos Humanos, y Francisco Echeverri, Asuntos Internacionales (7 de noviembre 2007). Mendoza invitó a Human Rights First a presentarle con un reporte que demostró que el problema era amplio en lugar de consistir en casos aislados.

[25] Véase Human Rights First, *¿De qué consiste un proceso justo? Una guía básica de los estándares y la práctica legal* (Nueva York, marzo 2000), disponible a http://www.humanrightsfirst.org/pubs/descriptions/fair_trial.pdf; Comité de Derechos Humanos, *Observación General 13, Artículo 14* (Sesión 21, 1984), Recopilación De Las Observaciones Generales y Recomendaciones Generales Adoptadas Por Órganos Creados En Virtud De Tratados De Derechos Humanos, U.N. Doc. HRI/GEN/1/Rev.6, p/ 135 (2003).

[26] Colombia ratificó el PIDCP el 29 de Oct 1969 y fue promulgado el 23 de marzo 1976. La Convención fue promulgada el 22 de noviembre 1969.

[27] Aprobadas por el Octavo Congreso de las Naciones Unidas sobre Prevención del Delito y Tratamiento del Delincuente, La Habana (Cuba) del 27 de agosto al 7 de septiembre 1990.

[28] Resolución de la Asamblea General 45/111, anexo, 45 U.N. GAOR Supp. (Nº 49A) a 200, A/45/49 (14 de diciembre 1990).

[29] Aprobadas por el Octavo Congreso de las Naciones Unidas sobre Prevención del Delito y Tratamiento del Delincuente, La Habana (Cuba) del 27 de agosto al 7 de septiembre 1990, A/CONF.144/28/Rev.1 a 189.

[30] PIDCP, artículo 19; Convención, artículo 13.

[31] Declaración Sobre el Derecho Y El Deber de Los Individuos, Los Grupos y Las Instituciones de Promover y Proteger los Derechos Humanos y las Libertades Fundamentales Universalmente Reconocidos, A/RES/53/144 (8 de Marzo 1999), artículo 6(c).

[32] Para mas información véase Fiscalía General de la Nación, *Manual de procedimientos de fiscalía en el sistema penal acusatoria Colombiano* (Bogotá, 2005).

[33] Código de Procedimiento Penal, Ley 906 de 2004 (1 de septiembre 2004), Diario Oficial Nº 45.658.

[34] Código de Procedimiento Penal, Ley 600 de 2000 (24 de julio 2000), Diario Oficial No 44.097.

[35] *Código de Procedimiento Penal*, Ley 600 de 2000, Diario Oficial Nº 44.097 (24 de julio 2000), artículo 397.

[36] Ibíd, artículo 234. Véase también al artículo 232: "Toda providencia debe fundarse en pruebas legal, regular y oportunamente allegadas a la actuación. No se podrá dictar sentencia condenatoria sin que obre en el proceso prueba que conduzca a la certeza de la conducta punible y de la responsabilidad del procesado."

[37] Comunicado de Prensa del Presidente, *Principios Rectores Sobre ONGs En Estados Unidos Coinciden Con Criterios Del Presidente Uribe* (30 de abril 2007), disponible a http://www.presidencia.gov.co/prensa_new/sne/2007/abril/30/11302007.htm .

[38] El Departamento de Estado del gobierno de los Estados Unidos, Oficina de Democracia, Derechos Humanos y Trabajo, *Principios Rectores sobre Organizaciones Non-Gubernamentales*, (14 de diciembre 2006). Véase también al principio 3: "Las ONG lleven a cabo sus labores pacíficas en un ambiente hospitalario, sin miedo al acoso, las represalias, la intimidación y la discriminación."

[39] Ministra de Defensa Nacional, Directiva de Ministerio de Defensa 09 de 2003: Políticas del Ministerio de Defensa Nacional en materia de protección de los derechos humanos de Sindicalistas y Defensores de Derechos Humanos; Presidente de la República, Directiva Presidencial 7 de 1999: Respaldo, Interlocución Y Colaboración Del Estado Con Las Organizaciones De Derechos Humanos, 9 de Septiembre 1999; Presidente de la República, Directiva Presidencial 7 de 2001: Respaldo, Interlocución Y Colaboración del Estado con las Organizaciones No Gubernamentales que Desarrollan Actividades Humanitarias en el País, 21 de noviembre 2001.

[40] Decreto 128 de 2003, 22 de enero 2003, implementa un marco legal que consiste de Ley 418 de 1997, Diario Oficial No 43201, 26 de diciembre 1997, y Ley 782 de 2002, Diario Oficial No 4043, 23 de diciembre 2002.

[41] Por ejemplo véase la Corte Constitucional, Decisión C-392 – 00, Juez Antonio Barrera Carbonell (6 de Abril, 2000); Juez José Alberto Pabon Ordóñez, *Sentencia de Primera Instancia*, Juzgado Octavo Penal Del Circuito Bucaramanga, Proceso 2006-0179-00 (30 de marzo 2007), p. 5.

[42] Artículo 13 de Decreto 128 permite que los que desmovilizan reciban "indultos" y otros beneficios legales para "delitos políticos y otros relacionados a lo político" dado que no han sido investigado ni condenado por delitos como terrorismo, genocidio u homicidio cometidos fuera de combate. (Ley 782, artículo 19). Tomando en cuenta los altos niveles de impunidad en Colombia, la gran mayoría de miembros de los grupos armados quienes han cometido tales delitos no han sido investigados ni condenados por esos crímenes, así que se aprovechan de los beneficios expresados.

[43] Magistrado Honorable Luis Edgar Albarracin Posada, *Juicio de Segunda Instancia*, Tribunal Superior (12 de septiembre 2005).

[44] Ibid.

[45] Human Rights First entrevista con Guillermo Mendoza, Vicefiscal General, Bogotá, 7 de noviembre 2007.

[46] Lucia Giraldo, Unidad Seccional de Delitos contra el Régimen Constitucional, Legal y Otros, delegada 153, *Resolución de Preclusión* (19 de septiembre 2005), p. 16.

[47] Arger Londoño Sonson, Fiscal 120 Seccional, Unidad Seccional Delegada para el Juzgado Penal del Circuito, *Resolución Inhibitoria* (15 de Enero 2008), p. 5.

[48] Ibid.

[49] Fiscal 37, Unidad de Derechos Humanos y Derecho Internacional Humanitario de Medellín, Resolución de preclusión (23 de abril 2008).

[50] Fiscal Beatriz Osorio, Santa Barbara, *Resolución de preclusión* (9 de febrero 2007), p. 3 – 4.

[51] Hernando Betancur, Fiscalía Tercera, Medellín, *Resolución de recurso de apelación* (6 de Diciembre 2005), p. 2.

[52] Para más información acerca del Príncipe Gabriel González, véase Human Rights First, Principe Gabriel González Sitio de web, disponible a http://www.humanrightsfirst.org/defenders/hrd_colombia/hrd_gonzalez.asp ; Véase también Human Rights First, *Defensores de Derechos Humanos Colombianos en Peligro: Análisis de Investigaciones Penales Infundadas contra Defensores de Derechos Humanos* (Nueva York, octubre 2007), disponible a http://www.humanrightsfirst.info/pdf/071022-hrd-chrd-danger-esp.pdf.

[53] Juez José Alberto Pabon Ordóñez, *Sentencia de primera instancia*, Juzgado Octavo Penal Del Circuito Bucaramanga, Proceso 2006-0179-00 (30 de marzo 2007), p. 10.

[54] Comité de Solidaridad con Presos Políticos, *Memorándum a Human Rights First sobre el caso González*; Véase también Amnistía Internacional, *Colombia: Miedo y intimidación: Los peligros del trabajo en derechos humanos*, (Londrés: Amnistía Internacional, 2006), Al Índice: AMR 23/033/2006, p. 14.

[55] Unidad de Fiscalía Delegada ante la Corte Suprema de Justicia, *Resolución de preclusión de Amaury Enrique Padilla Cabarcas*, Referencia: Segunda instancia No 8278 (3 de junio 2004), p 37.

[56] Ibid.

[57] Ibid, p. 45. La Fiscal General también criticó el hecho de que funcionarios de DAS enseñaron a testigos una fotografía de Padilla con su nombre impreso antes de que hayan identificado a un perpetrador. Ibid, p. 9.

[58] Para más información véase Human Rights First, *Petición en Contra de la Detención Arbitraria de los Defensores de Derechos Humanos* (6 de febrero 2008), disponible a http://www.humanrightsfirst.info/pdf/08207-hrd-torresh-pet-span-pub.pdf.

[59] Juez Luz Yolanda Sierra de Vargas, *Sentencia*, Segunda Penal Municipal de Garantías de Villavicencio (27 de diciembre 2007).

[60] Tito Augusto Gaitan, *Alegato de defensa: Sustentación de la apelación contra el injusto fallo proferido contra defensores de derechos humanos y dirigentes sociales*, A María Cristina Ramírez, Jueza Penal del Circuito de Saravena, Radicado. 2004-298.

[61] Ibid.

[62] Ibid.

[63] Pabon, *Sentencia de primera instancia*, p. 7.

[64] Ibid., p. 10.

[65] Véase el caso de Elkin Ramírez, Anexo.

[66] Comisión Interamericana de Derechos Humanos, *Medidas Cautelares 2000: Medidas cautelares otorgadas o extendidas por la Comisión*, 1 de noviembre 2000, disponible a http://www.cidh.org/medidas/2000.sp.htm .

[67] ACVC, "Detenidos tres directivos y allanada la oficina regional de la Asociación Campesina del Valle del Río Cimitarra," *Comunicado de prensa* (30 de septiembre 2007), p. 1, disponible a http://prensarural.org/spip/spip.php?article696 .

[68] ACVC, "Capturados otros dos dirigentes de ACVC," *Comunicado de prensa* (20 de enero 2008), p. 2, disponible a http://prensarural.org/spip/spip.php?article973 .

[69] Fiscal 37, Unidad de Derechos Humanos y Derecho Internacional Humanitario de Medellín, *Resolución de preclusión* (23 de abril 2008).

[70] Ibid., p 15.

[71] Arger Londoño Sonson, Unidad Seccional Delegada para el Juzgado Penal del Circuito Fiscal 120 Seccional, *Resolución Inhibitoria* (15 de enero 2008), p. 5.

[72] Unidad de Fiscalía Delegada ante la Corte Suprema de Justicia, *Resolución de preclusión de Amaury Enrique Padilla Cabarcas*, Referencia: Segunda instancia No 8278 (3 de junio 2004), p. 44.

[73] Ibid., p 42.

[74] Human Rights First entrevista con Gustavo Gallon, Comisión Colombiana de Juristas, Bogotá, 8 de noviembre 2007.

[75] Artículo 50, Ley 504 de 1999 (29 de junio 1999), Diario Oficial No 43.618.

[76] Human Rights First, *Se mató un miembro de la comunidad mientras pescaba*, 9 de noviembre 2006, disponible a http://www.humanrightsfirst.org/defenders/hrd_colombia/alert110906_sarmiento.htm .

[77] Network of Solidarity, *Acción Urgente, Presidente de Federación Agromineras de Sur de Bolívar detenido* (26 de abril 2007). En una decisión otorgada en 2001, la CIDH hizo público que miembros de la Batallón Nueva Granada privó Leonel de Jesús Isaza Echeverry de su derecho a vivir cuando lo mataron en 1993. Véase CIDH, *Informe N° 64/01*, Caso 11.712 Colombia: Leonel De Jesús Isaza Echeverry y Otro (6 de abril 2001).

[78] Plutarco Eliécer Molano Jiménez, Fiscal 28 de Simiti, Cartagena, *Resolución No 138 050* (4 de mayo 2007).

[79] Hina Jilani, *Informe presentado por la Representante Especial sobre la situación de los defensores de los derechos humanos: Addendum – Compilación de casos transmitidos a gobiernos y las respuestas recibidas*, U.N. Doc A/HRC/7/28/Add.1 (5 de marzo 2008), pp. 115-116.

[80] Corte Constitucional, *Decisión C-392 – 00*, Juez Antonio Barrera Carbonell (6 de abril 2000); Véase también las siguientes decisiones de la Corte Constitucional que apoyan este principio: *Decision C-1315-00*, Juez.Álvaro Tafur Galvis (26 de septiembre 2000); *Decision C-793-00*, Juez Vladimiro Naranjo Mesa (29 de junio 2000). Véase también la Corte Suprema de Justicia, *Sentencia de 25 de mayo 1999*, Magistrado Carlos Eduardo Mejia Escobar, No 12.885; *Sentencia de 20 de junio 2001*, Magistrado Álvaro Orlando Perez Pinzon.

[81] Corte Constitucional, *Decisión T-066–98*, Juez Eduardo Cifuentes Munoz.

[82] Corte Constitucional, *Decisión T-444-92*, Juez Alejandro Martínez Caballero.

[83] Corte Constitucional, *Decisión T-066-98*, Juez Eduardo Cifuentes Munoz.

[84] Alirio Uribe Muñoz, *Alegatos Precalificatorios de Defensa: Proceso Penal adelantado contra el líder social del sector agrario, Victor Julio Laguado Boada por el presunto delito de rebellion*, Radicado. 826036, pp. 1-2 y p. 13 (Bogotá, noviembre 2007), citando la Resolución del Fiscal ante elTribunal Nacional (30 de mayo 1994).

[85] Caso de ACVC. Fiscal 37, Unidad de derechos humanos y derecho internacional humanitario, *Resolución de preclusion*, Radicado No 4326 (23 de abril 2008), p. 18.

[86] Human Rights First, *Activista colombiano señalado por el gobierno en intento de asesinato* (5 de octubre 2006), disponible a http://www.humanrightsfirst.org/defenders/hrd_colombia/alert100406_celeyta.htm .

[87] Departamento de Inteligencia Militar, 3ra Brigada del Ejército Colombiano, *Informe de inteligencia* (24 de mayo 2003), número de referencia CIME-RIME3-INT4-252.

[88] María Eugenia Lora Castaño, Fiscalía General, Cali, *Carta a Luis Ramirez Rios*, CTI (23 de junio, 2004), número de referencia FGN CTI SIA 358.

[89] Juez Patricia Rodriguez Torres, *Sentencia*, Tribunal Superior del Distrito Judicial de Bogotá Sala Penal (16 de septiembre 2008), Radicado No 158.08.

[90] Pabon, *Decisión de primera instancia*, p. 5.

[91] La Plataforma Colombiana de Derechos Humanos Democracia y Desarrollo, *Deshacer el embrujo– Alternativas a las Politicas del Gobierno de Alvaro Uribe Velez* (noviembre 2006).

[92] La Estructura de Apoyo de Arauca de la Unidad Nacional contra el Terrorismo levantó una investigacion penal contra Laguado y lo trasladó posteriormente a la Fiscalía 330 Delegade ante la Unidad de Delitos contra la Libertad Individual y otras garantias de Bogotá. Véase Alirio Uribe Muñoz, *Alegatos Precalificatorios de Defensa: Proceso Penal adelantado contra el lider social del sector agrario, Victor Julio Laguado Boada por el presunto delito de rebelión*, Radicado. 826036, pp. 1-2 (Bogotá, noviembre 2007).

[93] Ibid, p. 20.

[94] Véase también Naciones Unidas, el Grupo de Trabajo sobre la Detención Arbitraria, *Opiniones Adoptadas por el Grupo de Trabajo: Opinión No. 30/2006 (Colombia)* (2 de febrero 2007), A/HRC/4/40/Add.1, p. 112.

[95] Human Rights First, *Carta al Procurador General* (12 de septiembre 2008), disponible a http://www.humanrightsfirst.org/pdf/080915-HRD-letter-colombia-minga.pdf. Informe de inteligencia disponible a http://www.cipcol.org/files/080917inte.pdf .

[96] Juan Carlos Gomez Ramirez, *Carta a Human Rights First del Director de Derechos Humanos*, Ministerio de Defensa (3 de octubre 2008).

[97] Ibid.

[98] Código de Procedimiento Penal, Ley 600 de 2000 (24 de julio 2000), artículo 234.

[99] Hernando Betancur, Fiscalía Tercera, Medellín, *Resolución de recurso de apelación* (Diciembre 6 de 2005), p 5.

[100] Juez Carmen Cecilia Arrieta Burgos, *Sentencia Absolutoria*, Juzgado 53 Penal del Circuito Bogotá, No 2006 - 00366, 16 de junio, 2008. p. 71.

[101] Andres Nanclares Arango, Procurador Judicial 30 del Ministerio Público al Fiscalía Especializada Nueve, como citado en ibid; Folios 147 y Cuaderno No. 11.

[102] Ibid.

[103] Juez Carmen Cecilia Arrieta Burgos, *Sentencia Absolutoria*, Juzgado 53 Penal del Circuito Bogotá, No 2006 - 00366 (16 de junio 2008).

[104] Ibid., p. 74.

[105] Véase también Human Rights Watch, *Una Vuelta Equivocada: El Registro de la Oficina de la Fiscalía General* (Nueva York: Human Rights Watch, 2002), Vol. 14(3)(B).

[106] Por ejemplo véase al Departamento de Estado del gobierno de los estados unidos, *Informes de Países sobre Derechos Humanos: Colombia 2007* (Washington D.C.), Section 1d.

[107] Unidad de la Corte Suprema, Oficina de la Fiscalía General, *Resolución de preclusión Amaury Enrique Padilla Cabarcas* (3 de junio 2004), Radicado. 8278, p. 40.

[108] Ibid.

[109] Coordinación Colombia, Europa, Estado Unidos (CCEEUU), *Libertad: Rehén a la seguridad democrática* (6 de abril 2006).

[110] Ibid.

[111] Ella estaba en el programa de protección del Ministerio del Interior y Justicia para líderes sociales de alto riesgo debido a las amenazas contra su vida. Véase también la Comisión Interamericana de Derechos Humanos, *Medidas Cautelares 2002: Medidas cautelares otorgadas o extendidas por la Comisión* (1 de noviembre 2000), disponible a http://www.cidh.org/medidas/2002.sp.htm .

[112] Coordinación Colombia, Europa, Estado Unidos (CCEEUU), *Libertad: Rehén a la seguridad democrática* (6 de abril 2006).

[113] Ibid.

[114] El juzgado Único Penal del Circuito Especializado de Descongestión de Arauca.

[115] En octubre de 2002, la CIDH otorgó a Cedeño medidas cautelares después de amenazas de muerte de comandantes paramilitares de alto nivel. Véase Comisión Interamericana de Derechos Humanos, *Medidas cautelares otorgadas o extendidas por la Comisión* (29 de octubre 2002), disponible a http://www.cidh.org/medidas/2002.sp.htm .

[116] Alirio Uribe Muñoz, *Alegato de Defensa al Juez 45 Penal del Circuito de Bogotá: Radicado No 081-06: Proceso penal seguido contra la abogada Teresa de Jesús Cedeño y otro por la supuesta comisión del delito de soborno* (Bogotá, 15 de agosto 2007), p. 1.

[117] Decisión de segunda instancia, Recurso de Apelación Interpuesto contra la Resolución que Califica el merito del sumario y profiere Resolución de Acusación (4 de noviembre 2005), citado en ibid., p. 40.

[118] Fiscal 37, Unidad de Derechos Humanos y Derecho Internacional Humanitario de Medellín, *Resolución de preclusión* (23 de abril 2008), p. 16.

[119] Véase también el caso de Diego Figueroa, quien según se informa fue detenido sin una orden de arresto en noviembre de 2005, y fue supuestamente abusado por la policía y negado acceso a su abogado. Cuando desestimaban los cargos un fiscal dijo, "les ha correspondido obligadamente vivir en dichos lugares donde obtienen el sustento diario, expuestos a todo tipo de riesgos, por la escasa presencia del estado, de manera que cuando son visitados por los unos deben atenderlos, saludarlos, compartir transitoriamente con ellos a fin de evitar atropellos o fusilamientos como en ocasiones se ha presentado... esta sola situación impide que de hecho se pueda tener al señor Diego Figueroa como perteneciente a la subversión y se le debe desvincular de la sindicación por el presunto delito." Fiscalía 38 delegada ante los juzgados penales del circuito de Buenaventura (Valle) Radicado 38-115.933 (20 de junio 2006), p. 3.

[120] El artículo 322, Código de procedimiento penal, Ley 600 de 2000 (24 de julio 2000).

[121] Del 11 de febrero 2004 al 7 de marzo 2005. Véase a Fiscal Lucia Giraldo, Fiscalía 153 delegada de la Unidad Seccional de Delitos contra el Régimen Constitucional, Legal y Otros, *Resolución de preclusión* (19 de Septiembre 2005), p 16.

[122] MINGA, *Alegato de Defensa: La Injusta Persecución y Criminalización de Derechos Humanos y la Conculcación de las Garantías procesales*, (2004), p 4.

[123] ACVC, *Ironías colombianas: Andrés Gil, preso político, no puede asistir a un Foro Internacional sobre Derechos Humanos* (20 de noviembre 2007), p. 5, disponible a http://www.prensarural.org/spip/spip.php?article871 .

[124] El artículo 29 de la Constitución Colombiana declara: "Toda persona se presume inocente mientras no se la haya declarado judicialmente culpable. Quien sea sindicado tiene derecho a la defensa y a la asistencia de un abogado escogido por él, o de oficio, durante la investigación y el juzgamiento; a un debido proceso público sin dilaciones injustificadas; a presentar pruebas y a controvertir las que se alleguen en su contra... Es nula, de pleno derecho, la prueba obtenida con violación del debido proceso." Véase también a los artículos 126, 176 y 323 del código de procedimiento penal y la decisión de la Corte Constitucional, M.P/ Manuel José Cepeda Espinosa, (11 de febrero 2003).

[125] *Sentencia C-412 de 1993*, M.P. Eduardo Cifuentres Muñoz (23 de septiembre 1993).

[126] MINGA, *Alegato de Defensa: La Injusta Persecución y Criminalizacion de Derechos Humanos y la Conculcación de las Garantías procesales* (2004).

[127] Audiencia Oral, no hay sentencia escrita. Véase Comisión Intereclesial para la Justicia y Paz, *Militares Anuncian Operaciones Paramilitares Contra La Población, Persisten Hostigamientos Contra Aldemar Lozano y Familia* (8 de abril 2008), p. 2. Véase también Human Rights First, *Petición en Contra de la Detención Arbitraria de los Defensores de Derechos Humanos* (31 de enero 2008), disponible a http://www.humanrightsfirst.info/pdf/08207-hrd-torresh-pet-span-pub.pdf ; Comisión Intereclesial para la Justicia y Paz, *Informe 53, Meta Puerto Esperanza la Detención Arbitraria de Aldemar Lozano* (25 de diciembre 2007), p.1.

[128] Naciones Unidas, El Grupo de Trabajo sobre la Detención Arbitraria, *Métodos de trabajo revisados*, (19 de diciembre 1997), Regla 8(a) U.N. Doc E/CN.4/1998/44 Anexo 1.

[129] La Plataforma Colombiana de Derechos Humanos Democracia y Desarrollo, *Deshacer el embrujo– Alternativas a las Politicas del Gobierno de Alvaro Uribe Velez* (noviembre 2006), p 168.

[130] Human Rights First entrevista con miembros de la sociedad civil en Bogotá, 7 de noviembre 2007.

[131] La Plataforma Colombiana de Derechos Humanos Democracia y Desarrollo, *Deshacer el embrujo– Alternativas a las Politicas del Gobierno de Alvaro Uribe Velez* (Noviembre 2006), p 170.

[132] Human Rights First, *Carta al Fiscal General: Preocupación por la detención de Martín Sandoval y otros líderes de la región de Arauca: Proceso 142084 Cúcuta, Arauca* (5 de noviembre 2008), disponible a http://www.humanrightsfirst.org/pdf/HRD-081110-sandoval-detention-no-sig.pdf .

[133] Reiniciar, "Denunciamos la detención de 13 líderes sociales en Arauquita, Arauca," *Comunicado de Prensa*, 4 de Noviembre 2008.

[134] Véase por ejemplo Hernan Durango, 'Comité de derechos humanos denuncia grave situación humanitaria en Arauca', *Colombia Indymedia* (2 de febrero 2008), disponible a http://colombia.indymedia.org/news/2008/02/79200.php

[135] Código de Procedimiento Penal, Ley 600 de 2000, Diario Oficial No. 44.097 (24 de julio 2000), artículo 350.

[136] Código de Procedimiento Penal, artículo 3 y 356. Véase también p.e. Corte Constitucional, *Decisión C-77401*, M.P Rodrigo Escobar Gil (25 de julio 2001).

[137] Ibid.

[138] Tito Augusto Gaitan, *Alegato de Defensa a María Cristina Ramírez, Jueza Penal del Circuito de Saravena, Bogotá: Sustentación de la apelación contra el injusto fallo proferido contra defensores de derechos humanos y dirigentes sociales*, Radicado. 2004-298, p. 9.

[139] Fiscalía Tercera Delegada Ante Jueces Penales Circuito de Barrancabermeja, *Resolución de preclusión* (29 de octubre 2007), p. 3.

[140] Ibid.

[141] Ibid.

[142] Véase estos casos en el anexo: Diego Figueroa, Teofilo Acuna, Juan Carlos Celis Gonzalez.

[143] Véase estos casos en el anexo: Juan Carlos Celis Gonzalez, Claudia Montoya, Arauca defenders/José Murillo Tobo.

[144] Véase estos casos en el anexo: Teresa de Jesús Cedeño Galíndez, Luz Perly Cordoba Mosquera, Diego Figueroa.

[145] Código penal, Ley 599 de 2000, Diario Oficial N° 44.097 (24 de julio 2000).

[146] Hina Jilani, *Informe anual 2004 del Representante Especial del Secretario General sobre la situación de los defensores de los derechos humanos*, U.N. Doc. E/CN.4/2005/101, parra. 54 (13 de diciembre de 2004).

[147] Comisión Interamericana de Derechos Humanos, *Informe sobre la Situación de las Defensoras y los Defensores de los Derechos Humanos el las Américas*, OEA/Ser.L/V/II.124 Doc. 5 rev.1, (7 de marzo 2006), para 81.

[148] El caso esta siendo investigado por la fiscalía seccional 64 en Bogotá. Véase *Memo a Human Rights First de Reinaldo Villalba* (el abogado de Duque), 28 de julio 2008, disponible a http://www.colectivodeabogados.org/article.php3?id_article=1491 .

[149] Reporteros Sin Fronteras, *Gobierno trata de suspender las medidas de proteccion para un periodista no obstante amenazas de paramilitares,"* *Comunicado de Prensa*, 31 de octubre 2007, disponible a http://www.protectionline.org/Claudia-Julieta-Duque-Government.html .

[150] Número de investigación 70763.

[151] Human Rights First, *Líder de derechos humanos Colombiano, Ivan Cepeda, Gana el Premio Medalla de la Libertad Roger Baldwin* (Junio 2007), disponible a http://www.humanrightsfirst.info/pdf/07620-hrd-COMMUNICADO-DE-PRENSA.pdf .

[152] Corporación Colectivo de Abogados José Alvear Restrepo, *Señalamientos y Hostigamientos contra Iván Cepeda Castro*, DR-002/07 (14 de mayo 2007).

[153] Iván Cepeda, *Discurso a la Audiencia a los Cuidadanos*, San Onofre, Sucre (28 de noviembre 2006), p. 4, disponible a http://www.movimientodevictimas.org/node/254.

[154] Ibid.

[155] Naciones Unidas, El Grupo de Trabajo sobre la Detención Arbitraria, *Opiniones emitidas por el Grupo de Trabajo sobre la Detención Arbitraria: Opinión No. 30/2006 (Colombia*, (2 de febrero 2007), U.N. Doc: A/HRC/4/40/Add.1, p. 113.

[156] Luis Camilo Osorio Isaza, Fiscalía General, *Resolución N° 0-1678* (3 de mayo 2005).

[157] Naciones Unidas, *Declaración sobre el derecho y el deber de los individuos, los grupos y las instituciones de promover y proteger los derechos humanos y las libertades fundamentales universalmente reconocidos*, A/RES/53/144 (8 de marzo 1999).

[158] *The Department Of State, Foreign Operations And Related Programs Appropriations Act, 2008 (Consolidated Appropriations Act, 2008)* HR 2764, Public Law No: 110-161, (26 de diciembre 2007).

[159] Procuraduría General de la Nación, *Conclusiones de las Mesas de Trabajo Procuraduría General de la Nación – Ministerio de Defensa sobre Criterios de Revisión de Archivos de Inteligencia Militar* (14 de marzo 2007), N° 285.

[160] Véase Procuraduría General de la Nación, *Punto No. 19, Avances, Dificultades y Retos del Ano 2007 en la Revisión de los Criterios Aplicables a la Información Constitutiva de los Archivos de Inteligencia* (noviembre 2007).

[161] Ibid.

[162] Ibid. Véase también Coronel Juan Carlos Gomez Ramirez, *Carta a Human Rights First de director de los derechos humanos, ministerio de defensa*, N° 76792/MDD-HH-725 (3 de octubre 2008).

[163] El Congreso Colombiano, *Proyecto de Ley sobre Inteligencia y Contrainteligencia (178/07; 180/07; 183/07 y 211/07 (Acumulados))*, Aprobado por segundo vez en el senado el 3 de junio 2008 y mas tarde por tercera vez.

[164] Véase Human Rights First, *Carta al Congreso Colombiano sobre el proyecto de ley de inteligencia* (10 de junio 2008), disponible a http://www.humanrightsfirst.info/pdf/080612-HRD-colombia-sen-intel.pdf .

[165] Véase también Alto Comisionado de las Naciones Unidas para los Derechos Humanos en Colombia, *Informe Anual del Alto Comisionado de las Naciones Unidas para los Derechos Humanos sobre la situación de derechos humanos y derecho internacional humanitario en Colombia, Año 2005* (20 de enero 2006), E/CN.4/2006/9., p. 32.

[166] El artículo 15 de la Constitución Colombiana proclama: "Todas las personas tienen ... derecho a conocer, actualizar y rectificar las informaciones que se hayan recogido sobre ellas en bancos de datos y en archivos de entidades públicas y privadas."

[167] Rodrigo Rodriguez Barragan, Unidad seccional de fiscalía Bucaramanga, Fiscalía 26, *Resolución de Preclusión: S: 160646* (3 de junio 2003), p.10.

[168] Fiscal Lucia Giraldo, Fiscalía 153 delegada de la Unidad Seccional de Delitos contra el Régimen Constitucional, Legal y Otros, *Resolución de preclusión* (19 de Septiembre de 2005), p. 12.

[169] Véase por ejemplo El Presidente de la República, *La directiva presidencial 7 de 1999: Política de protección de los defensores de los Derechos Humanos* (9 de septiembre 1999).

[170] Véase por ejemplo Corte Interamericana de Derechos Humanos, *Caso Kimel vs. Argentina: Fondo, Reparaciones y Costas* (2 de mayo 2008), disponible a http://www.corteidh.or.cr/docs/casos/articulos/seriec_177_esp.doc ; Corte Interamericana de Derechos Humanos, *Herrera Ulloa v Costa Rica (Excepciones Preliminares, Fondo, Reparaciones y Costas)* (2 de julio 2004), disponible a http://www.corteidh.or.cr/docs/casos/articulos/seriec_107_esp.pdf ; La Relatoría de la Organización de los Estados Americanos a La Libertad de Expresión, *Informe Anual 2002*, Capitulo V: "Para asegurar la adecuada defensa de la libertad de expresión, los Estados deben adecuar sus leyes sobre difamación, injurias y calumnias en forma tal que sólo puedan aplicarse sanciones civiles en el caso de ofensas a funcionarios públicos. En estos casos, la responsabilidad por ofensas contra funcionarios públicos sólo debería incurrirse en casos de "real malicia". La doctrina de la "real malicia" significa que el autor de la información en cuestión era consciente de que la misma era falsa o actuó con temeraria despreocupación sobre la verdad o la falsedad de dicha información."

[171] Corte Interamericana de Derechos Humanos, *Caso Kimel vs. Argentina: Fondo, Reparaciones y Costas* (2 de mayo 2008), parra. 93, disponible a http://www.corteidh.or.cr/docs/casos/articulos/seriec_177_esp.doc .

[172] Comisión Interamericana de Derechos Humanos, *Informe anual de 1994*, Capitulo V Informe Sobre la Compatibilidad entre las Leyes de Desacato y la Convención Americana Sobre Derechos Humanos (17 de febrero 1995), OEA/Ser. L/V/II.88, doc. 9 rev. pp. 197-212, disponible a http://www.cidh.org/annualrep/94span/cap.V.htm#CAPITULO%20V .

[173] En abril 2007, México despenalizó la injuria y calumnia. El Salvador también ha removido estos delitos de su código penal. Véase http://www.ifex.org/en/content/view/full/82567 por más información.

www.ingramcontent.com/pod-product-compliance
Lightning Source LLC
Chambersburg PA
CBHW081722270326
41933CB00017B/3262